AUX JEUNES FILLES

Les Ennemis de la Jeunesse

NOUVELLE SÉRIE

D'ETUDES MORALES ET SOCIALES

DEUXIÈME ÉDITION

VALS-LES-BAINS

IMPRIMERIE-LIBRAIRIE E. ABERLEN

1897

LES ENNEMIS DE LA JEUNESSE

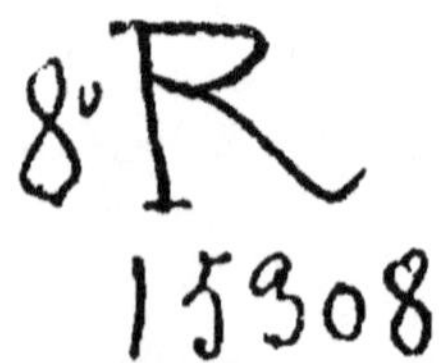

Les Ennemis de la Jeunesse

NOUVELLE SÉRIE

D'ETUDES MORALES ET SOCIALES

DEUXIÈME ÉDITION

VALS-LES-BAINS

IMPRIMERIE-LIBRAIRIE E. ABERLEN

1897

TROIS PRÉJUGÉS

CONCERNANT LES JEUNES FILLES

Il y a un an, nous signalions aux jeunes gens, dans un livre qui a été fort bien accueilli par le public, un certain nombre d'ennemis à combattre (1).

Aujourd'hui, c'est aux jeunes filles que nous crions : *garde à vous!* Et aujourd'hui, comme hier, comme demain, c'est le même souci du salut des âmes et du relèvement social qui nous hante, nous met la plume à la main, nous

____

(1) *Les Ennemis de la jeunesse : Aux jeunes gens.* 3ᵐᵉ édition. Vals-les-Bains, Aberlen. 3 fr.

oblige à lutter contre le terrible ennemi de la race, le Mal.

Ce livre est l'accomplissement d'un devoir.

Nous croyons qu'il y a trop d'âmes déviées, trop de consciences déprimées ou faussées, trop de vies perdues parmi les jeunes filles. Nous avons donc le devoir de signaler et d'étudier sous ses divers aspects l'état moral de la jeunesse féminine, ses causes, ses victimes, et si possible, ses remèdes.

L'idée et le plan de ces études se sont imposés à nous, il y a plus d'un an, dans des circonstances particulières et douloureuses. Il nous a suffi de communiquer cette idée et ce plan à quelques hommes et à quelques femmes d'élite pour que leur collaboration fût assurée, et leur apparût à eux-mêmes comme un devoir. L'une de nos collaboratrices nous a répondu : « Ce n'est pas sans émotion que je vous offre ma bonne volonté; pour ne pas accepter j'aurais des raisons plus graves encore que mon manque presque absolu de loisirs... L'occasion est trop belle, et pour l'amour de Jésus, il faut accepter. »

Un livre écrit dans de tels sentiments et par de telles âmes, ne fera-t-il aucun bien?

Une entreprise comme celle-ci se heurte à trois préjugés, — si enracinés dans les esprits qu'on a fini par les élever au rang de doctrines pédagogiques indiscutables, de dogmes intangibles. Nous demandons pourtant la permission de les discuter.

*
* *

En premier lieu, nous rencontrons *la théorie de l'ignorance nécessaire.*

On pense que les jeunes filles n'ont nullement besoin de connaître les dangers de la vie et, pour employer une expression consacrée, qu' « une femme en sait toujours assez ! » — Dédier à des jeunes filles de seize ans et au-dessus, un livre sur « les Ennemis de la jeunesse », cela seul déplaît. « L'ignorance des périls actuels, nous dit-on, doit rester le privilège des jeunes filles. C'est presque un droit que nous revendiquons pour elles. L'insouciance est leur protection ; l'ignorance du mal, leur sauvegarde ! Pourquoi vouloir que les souffles desséchants de ce siècle impur passent, pour les flétrir, sur ces âmes délicates et fraîchement écloses ? Oh ! laissez donc ces jolies fleurs de Dieu s'épanouir dans la nature en leur permettant d'ignorer qu'il y a près d'elles et par tout le monde, des orties, des épines et des ronces! »

— L'ignorance, une sauvegarde? une protection? un moyen de s'épanouir? Soyons moins poétiques, mais plus précis.

Nous pensions jusqu'ici que le vrai moyen pour tout le monde de vaincre un ennemi, d'éviter un danger, c'était d'abord d'être bien renseigné... On nous dit : oui, cela est exact pour tout le monde, sauf pour les jeunes filles!

— Ces dernières sont ainsi mises *hors la loi commune*, sous prétexte qu'elles sont... des jeunes filles? Cette mise hors la loi de certaines catégories d'êtres m'a toujours profondément intrigué. Il n'est donc pas vrai que la première condition pour résoudre un problème, que l'on soit une jeune fille ou un jeune homme, c'est d'en saisir toutes les données? que pour guérir une maladie, le premier devoir, pour tous, c'est de la constater et de la définir? S'ils se piquaient de logique, nous entraînerions bien loin les partisans du préjugé de *l'ignorance nécessaire aux jeunes filles*, et nous leur prouverions qu'il n'est souvent qu'un corollaire de la fameuse théorie *du vice nécessaire aux jeunes gens*. Nous leur montrerions que leur doctrine n'est qu'une conséquence du grand principe de l'infériorité et de la subordination de la femme. Nous dévoilerions le scepticisme et le secret mépris qui se dissimulent sous les belles tirades sentimentales sur la bienheureuse ignorance des jeunes filles, sur l'ignorance-sauvegarde! — « Il n'y a de plus funeste préjugé pour le développement moral de la jeune fille, dirons-nous au contraire avec M. Fallot, que celui qui prétend qu'une femme en sait toujours assez. » (1)

Au dogme de l'ignorance nécessaire nous opposons celui de l'éducation morale nécessaire, pour préserver l'âme adolescente. Eclairez avec tact, avec sagesse, de façon à donner l'horreur du mal et le sens des misères sociales : vous aurez fortifié l'âme en la mettant en garde contre les dangers possibles. La lumière aura été l'aube du salut.

Il y a du reste, nous en convenons, ignorance et ignorance. Que l'on ne confonde pas la sainte ignorance du mal — obligatoire pour tous —

____

(1) Fallot : *La jeune fille*, p. 13,

qui consiste à ne pas *le connaître par expérience,* avec l'ignorance naïve et bête, celle de l'autruche qui se cache la tête à l'approche d'un danger! — L'ignorance légitime et voulue s'appelle *dignité, ou ingénuité!* — Quant à l'ignorance imposée et coupable, nous la nommons *aveuglement* et *niaiserie.*

Il est très vrai qu'il est des choses que l'honnête femme, comme l'honnête homme d'ailleurs, doivent à jamais ignorer, s'ils le peuvent! Mais il en est d'autres qu'il faut savoir pour les éviter. Il est donc des ennemis de la vie morale — par exemple tous ceux dont s'occupe le présent volume, — qu'il serait dangereux ou ridicule de cacher à des jeunes filles, comme si l'ignorance était une force et ne prédisposait pas au contraire aux entraînements irréfléchis! Ne vaut-il pas mieux fixer la pensée sur les dangers de l'atelier, de la course aux diplômes, des mauvais livres, du théâtre, des toilettes exagérées, etc., etc... plutôt que de *laisser faire* et de *laisser ignorer?*

Autant nous prenons en pitié toute éducation de serre chaude qui déforme l'intelligence féminine sous prétexte de la former, et la rapetisse sous prétexte de la préserver, —

autant nous admirons et recommandons cette éducation supérieure qui éclaire sans flétrir, qui affranchit l'âme sans l'émanciper, et en lui conservant au contraire pour toujours cette sûre et exquise ingénuité, qui est l'un des plus grands attraits de la jeunesse, l'une des conditions de sa grâce et de sa beauté (1).

... Et puis, s'il faut dire le fond de ma pensée, sans y insister, nous ne croyons pas au dogme de l'ignorance nécessaire, parce que nous ne croyons plus que dans les conditions actuelles de la vie, l'ignorance soit possible. Le préjugé que nous combattons se fonde donc sur une illusion.

*
* *

On nous oppose ensuite ce que nous appellerons *la doctrine de l'indulgence universelle.*

(1) On admire la naïve ignorance de la jeune fille riche qu'aucun propos mauvais n'a jamais effleurée; sa pureté, en effet, est semblable à la blancheur de l'hermine ou à celle de la neige ; hélas ! il suffirait parfois d'un souffle pour la ternir. J'admire infiniment plus, pour ma part, la dignité de la jeune ouvrière, conquise, développée, fortifiée dans la lutte directe contre le mal, car elle ressemble à la pureté incorruptible du diamant : la boue peut l'envelopper, il en ressort resplendissant. — T. FALLOT : *La jeune fille,* p. 12.

— Le mal existe, dit-on, mais vos livres et vos discours en exagèrent la gravité. Il faut tenir compte de la faiblesse humaine, et admirer les efforts que l'on fait pour le bien; actuellement, nous vivons dans une période de transition et si l'on doit sans doute plaindre les âmes qui tombent, les malheureux qu'écrase la roue du progrès, il faut aussi se dire que c'est le destin! Tous les censeurs du monde n'empêcheront pas l'Inévitable! Surtout, oh! surtout, il faut être indulgent envers la jeunesse... Pourquoi assombrir des fronts de vingt ans? des jeunes filles? On comprend qu'un prédicateur de repentance secoue rudement les pharisiens et les gens de mauvaise vie; il y en a, et il y en aura toujours; mais conçoit-on un Jean-Baptiste pour jeunes filles? — Nous connaissons ce langage. Nous l'avons tant de fois entendu et peut-être tenu! C'est celui de l'optimisme qui excuse tout, de la morale au rabais, de la patience et de l'indulgence quand même. On voudrait transiger avec le mal : nous pas. On ne prend pas au sérieux le péché et ses conséquences : nous, nous le prenons au tragique. Surtout on ferme les yeux sur les défaillances morales de la jeunesse féminine :

nous, nous voulons au contraire essayer d'y remédier, et en finir avec le dilettantisme et la frivolité sceptique.

Dieu et le Mal se disputent les âmes avec la dernière énergie. Tout est mis en œuvre pour *perdre* ou pour *sauver*. Le temps des compromis est passé. Il faut choisir, il faut s'orienter.

Quand on arrive à l'Equateur, la boussole s'affole, ne sachant plus vers quel pôle se tourner ! Il semble vraiment que la conscience humaine, après avoir plus ou moins pacifiquement évolué à travers les âges, a aujourd'hui atteint l'étape critique, et elle aussi s'affole entre les deux pôles du bien et du mal qui la sollicitent également.

L'issue de l'épreuve est de la plus tragique importance. Le ciel et la terre s'en émeuvent, et nous avons besoin de toute notre foi pour nous rappeler que l'Eternel règne, et que sa volonté se fera sur la terre comme dans les cieux !

On nous dira encore, toujours au nom de l'indulgence nécessaire, que notre série de portraits met trop en relief les travers féminins en les isolant, et que notre collection semble faite par un Alceste ou un La Bruyère fin de siècle. Qui sait si nos lectrices, un peu piquées, ne nous trouveront pas méchants et cruels?

« C'est vrai, dira peut-être tout bas mainte jeune fille en nous lisant, je suis un peu girouette à mes heures, un peu poupée, un peu rêveuse ou un peu bas bleu, etc..... mais enfin *je ne suis pas que cela!* » Et elle aimera à penser que telle vertu rachète tel défaut! Cette manière de voir, — authentiquement dérivée de la doctrine fondamentale de l'indulgence universelle, — risque d'emporter tout le bénéfice de nos réflexions! C'est le plus grand danger que court ce livre. Prenez-y garde! Qu'il soit bien entendu que, selon nous, tous les péchés signalés ici sont en germe dans chaque âme de jeune fille, — tantôt en une dose infinitésimale, tantôt en une dose infinie! — Le mal est en puissance dans tous les cœurs, et c'est à chacune de nos lectrices à prendre ici et là, dans le secret de sa conscience et devant Dieu, ce qui peut la concerner.

Nous avouons qu'en analysant des travers très spéciaux, nous risquons de ne pas donner toujours l'impression de la réalité complète et de la vie. Mais c'est l'inconvénient de toutes les analyses, de toutes les études dè caractères et de mœurs. Ni Aristophane, ni Molière, ni La Bruyère n'ont échappé à ce grave défaut : à plus forte raison, nous !

Mais après cet aveu, nous reprenons l'offensive, et nous déclarons tout net à ceux ou à celles que nos portraits offenseraient, que nous respectons les âmes, mais non pas leurs travers. — Eh ! vous que nos études scandalisent presque, de quel droit prendriez-vous le parti de *bas bleu*, de *poseuse*, de *poupée*, de *girouette*, de *rêveuse?*... Ne sont-elles pas méchantes et cruelles pour leurs familles, leur église, leur société, celles qui se permettent d'avoir, à côté de qualités non contestées, de tels travers?

Allez, mesdemoiselles, le meilleur moyen de supprimer nos méchancetés, c'est de commencer à supprimer les vôtres : *Mesdemoiselles, à vous de commencer !*

Enfin nous rencontrons le *préjugé qui interdit aux jeunes filles les préoccupations sociales.* — On allègue l'histoire naturelle, la psychologie, l'histoire profane, voire la religion, pour établir que la place de la femme est au foyer, que ses

préoccupations sont depuis longtemps délimi-
tées, fixées, et qu'il est insensé de passer outre.
L'incapacité du cerveau féminin en ces matières
est encore un article de foi.

Eh quoi, s'écrie-t-on, vous voulez les mêler
à nos luttes sociales et économiques! Ne crai-
gnez-vous pas que ces aimables jeunes filles ne
perdent leur charme, leur vraie nature et leur
mission?

Il ne s'agit pas de tout cela, répondrai-je. Il
s'agit seulement d'assurer à la femme la *dignité
d'être libre, de disposer d'elle-même, de pouvoir
vivre en travaillant*, en un mot *le droit d'aborder*, pour *les résoudre toutes les questions qui
la concernent.*

Nous avons une haute idée de la valeur de
l'âme humaine en général, de l'âme de la
femme en particulier. Nous n'admettons pas le
principe de l'infériorité de la femme : elle est
autre que l'homme, mais elle est son *égale*
devant la justice et devant Dieu. Egalité de
valeur morale, égalité de dignité et de droits,
malgré la diversité des fonctions et des devoirs :
voilà ce que nous revendiquons pour toutes
les créatures humaines.

Et finalement de quel droit interdirait-on à

la femme des questions qui l'intéressent au plus haut point?

Oui ou non, n'est-elle pour rien dans la grave question de *l'enfance abandonnée,* de l'enfance qui court la rue et qui ne sait pas ce que c'est qu'une mère, parce que l'atelier, la fabrique ou le vice la lui a enlevée!

Oui ou non, n'est-ce pas une question que la femme doit résoudre, de savoir si elle est faite avant tout pour le foyer ou pour l'atelier? pour l'éducation de la maison ou pour les travaux du dehors et les affaires publiques?

Oui ou non, doit-on laisser ignorer aux femmes que le socialisme veut enlever les enfants à l'influence de la mère, et les faire élever, selon l'antique programme de Platon, en commun et aux frais de l'Etat? N'ont-elles pas leur mot à dire dans ce débat?

Oui ou non, ne sont-ce pas des questions sociales qui les regardent, que celle du nombre croissant de vieilles filles, que celle des victimes de l'instruction, des surmenées, des déclassées, sans parler des victimes de la misère, de l'intempérance et du vice que, dans ce recueil, nous n'avons pas eu le courage de signaler!

Oui ou non, n'est-ce pas une des plus graves questions sociales qui puisse et doive être étudiée par les femmes elles-mêmes, que celle de l'*éducation des jeunes filles,* éducation que les mères ne savent plus donner dans les classes populaires, et même déjà dans les classes bourgeoises?.....

Oui ou non, le principe de l'assujettissement de la femme, de sa subordination quasi absolue à l'homme, est-il un principe infaillible et éternel, sans inconvénients, et que n'ont pas le droit d'examiner et de mettre en question les principales intéressées, celles dont M. Fouillée a dit qu'*elles n'ont pas encore vraiment la possession d'elles-mêmes?* (1).

Dès que, quelque part, des âmes sont amoindries ou opprimées, c'est que des questions sociales se posent.

______

(1) « L'esclavage de la femme..... subsiste en principe dans toutes nos lois, dont il forme véritablement la base. » SECRÉTAN : *Le droit de la femme,* p. 12.

« Quand la loi française, dit Alexandre Dumas, déclare la femme inférieure à l'homme, ce n'est jamais pour libérer la femme d'un devoir vis-à-vis de l'homme ou de la société, au contraire, c'est pour armer l'homme et la société d'un droit de plus contre elle. » AL. DUMAS : *Les femmes qui tuent,* p. 204.

..... Puisse ce livre être une contribution nouvelle à la grande thèse de la nécessité d'une *Réforme sociale!*

Toute cette série de victimes, signalée dans la partie la plus poignante de l'ouvrage, fera réfléchir, j'en suis sûr, nos jeunes lectrices éprises d'idéal et intransigeantes en matière de justice! Elles comprendront bien vite comme nous que bien des maux actuels sont sociaux, autant et plus qu'individuels, et que c'est socialement qu'il faut y remédier. Elles trouveront ainsi dans leur impuissance même de nouveaux motifs de prier et de dire la requête sociale par excellence : « *Père, que ton règne vienne!* » Elles auront en outre l'âme ouverte à de nouveaux horizons, à de nouveaux labeurs. — Ayant, plus que les hommes, l'esprit de sacrifice, elles contribueront plus qu'eux à sauver le siècle!

. . . .

. . . .

Jeunesse de mon pays, tu ressembles à la Magdeleine : tu es hantée par de nombreux démons! Mais Celui qui sut les chasser de l'âme de Marie n'est-il pas le même aujour-

d'hui qu'hier ? De cette pécheresse ne fit-il pas
une sainte par la puissance surnaturelle de sa
parole et de son cœur ? Et l'on vit cette femme,
abandonnant le monde, ses plaisirs et ses
démons, s'attacher, repentante et pardonnée,
aux pas de Jésus, le suivre plus fidèlement que
les Douze eux-mêmes jusqu'aux heures suprê-
mes, jusqu'à la Croix et jusqu'au tombeau... Et
c'est à elle, la première, que le Christ apparut,
glorifié, à l'aube de Pâques !

O jeunesse, comme Marie-Magdeleine, renonce à tous tes péchés ! Laisse le Christ chasser
tes démons. Aime-le de toute ton âme, et sers-le
de toute ta force sur cette terre, où encore Il
souffre, pleure, saigne et meurt dans la personne de tous ceux qui souffrent, pleurent,
saignent et meurent pour la justice et pour la
vérité !

Quand donc le Fils de l'homme se montrera-
t-il sur les nuées du ciel, au-dessus de nos
misères et de nos tombes, avec sa puissance et
sa gloire ?

Quand donc le Règne de Dieu apparaîtra-t-il
à quelque nouvelle sainte Magdeleine ! Viendra-
t-il bientôt le jour où le Christ, réformateur
social, sortira à nouveau du tombeau, où le

Monde et l'Eglise l'ont enseveli? Nous l'ignorons et nous attendons.

Mais, ô femme chrétienne, c'est toi, toi seule, qui sauras devancer, par tes intuitions merveilleuses et par tes pressentiments sublimes, l'aube des résurrections ! Et c'est à toi, qu'au matin des Pâques éternelles, est réservée la première vision de la Terre glorifiée !

ELIE GOUNELLE.

AUX JEUNES FILLES

SONNET

Vous êtes la plus fraîche fleur
Qu'à nos sentiers le ciel envoie;
Au soleil d'avril tout verdoie :
Vous êtes le printemps du cœur.

S'il faut, hélas! que le bonheur
Nous quitte au tournant de la voie,
Vous êtes la grâce et la joie
Qui font sourire la douleur.

Vous saurez être mieux encore :
Le mal triomphant nous dévore,
Les âmes pleurent dans la nuit...

O vous qu'on admire et qu'on aime,
Soyez l'étoile qui conduit
Jusqu'à l'amour de Dieu lui-même !

Th. Monod.

I

QUELQUES PLAIES SOCIALES

GIROUETTE

Le propre d'une bonne girouette, c'est une mobilité parfaite. Il faut que, sensible aux moindres souffles, elle n'ait d'autre direction que celle du vent et en change tout autant que lui. Que dirait-on d'une girouette qui prétendrait faire preuve de personnalité et ne pas tourner avec le vent?

Il y a par le monde un certain nombre de jeunes filles qui semblent avoir pris comme modèle cet utile instrument.

Je m'empresse de reconnaître que les girouettes ne se trouvent point seulement parmi les jeunes filles. Il y en a dans le monde politique. Mais celles-ci, en général, ne le sont pas autant qu'elles en ont l'air; elles ont leur petit but qu'elles poursuivent avec ténacité et, quand elles changent de direction, elles ne changent pas de but. Il y en a un bon nombre qui sont à la fois plus honnêtes et plus naïves parmi ce qu'on est convenu d'appeler le sexe fort. Mais il semble bien que c'est parmi les jeunes filles que se trouvent, si j'ose ainsi dire, le plus grand nombre de girouettes convaincues et sincères.

Cela tient peut-être à une qualité de leur esprit. L'esprit des jeunes filles est en général très sensible aux influences. Loin de le regretter, je crois cette disposition bonne et voulue de Dieu. Et voici pourquoi : c'est que les jeunes filles sont destinées à devenir des femmes, c'est-à-dire ordinairement à se marier. Or l'idéal dans le mariage ne me paraît pas être simplement l'association de deux personnes qui, ayant une éducation et des idées différentes, tirent chacune de son côté. Plus haut et plus sûr est l'idéal que nous propose l'Evangile : la fusion de deux personnalités qui se pénètrent et se complétent réciproquement. Dans cette fusion, je me hâte de le dire, aucune des deux ne doit être sacrifiée à l'autre; au contraire chacune d'elles doit être fécondée par l'autre. Mais il était sans doute nécessaire que l'une de ces personnalités fût plus souple, plus capable de pénétrer la personnalité voisine et de se laisser pénétrer par elle. Et c'est sans doute pour cette raison que Dieu a donné à l'esprit féminin une souplesse particulière.

Chez quelques jeunes filles intelligentes cette souplesse ne supprime point la volonté personnelle. L'esprit ouvert à toutes les influences du dehors, elles se laissent enrichir par elles et non point diriger. Mais beaucoup d'autres au contraire subissent toutes les influences sans discernement et sans résistance. D'une mobilité parfaite elles vont où souffle le vent : ce sont des girouettes.

Parmi ces girouettes il faut encore faire des distinctions. Les unes le sont par inertie. Leur esprit est enfermé dans un cercle bien délimité de petites préoccupations et, pour le reste, n'ayant point d'opinion ni de direction personnelles, elles suivent le courant. Les autres le sont par enthousiasme, mais par un enthousiasme fort dangereux. Elles s'éprennent tour à tour de toutes les modes et de toutes les idées qui passent. Aujourd'hui elles sont dans une veine pieuse : elles sont décidées à simplifier leur toilette, à visiter les pauvres, à s'imposer des privations; le lendemain elles sont mondaines avec la même ardeur. Aujourd'hui elles viennent de trouver un héros : c'est un homme parfait. A les entendre, ses paroles, ses idées, son regard, son sourire et jusqu'à la manière dont il se coiffe, tout en lui a un suprême cachet. Le lendemain le héros est oublié et un autre l'a remplacé. Parfois elles prennent de grandes résolutions : elles vont réformer leur vie ou leur caractère, elles vont s'attacher à quelque grande œuvre; et il arrive qu'elles tiennent ces résolutions jusqu'à deux ou trois jours. Pour les tenir plus longtemps, cela supposerait une stabilité qui ne convient pas à une girouette. L'enfer est, dit-on, pavé de bonnes intentions; il s'agit sans doute de bonnes intentions qui n'ont pas été accomplies. Il y a plus d'une tête de jeune fille, qui est *pavée* de la même manière.

Le monde est indulgent à ce charmant défaut. Pour parler de la mobilité féminine, écrivains et gens du monde ont emprunté aux poètes tout un stock de comparaisons, où il n'est question que d'oiseaux et de papillons. Et celles qui sont l'objet de ces comparaisons ne voient pas toujours ce qu'il y a de mépris secret au fond de ces éloges. Peut-être même nous trouvent-elles bien malotrus, lorsque d'une manière moins poétique nous les comparons à des girouettes et lorsque, pour comble, l'éditeur de ce volume catalogue les girouettes parmi les plaies sociales d'aujourd'hui! Puissent-elles comprendre pourtant que c'est nous qui avons pour elles le véritable respect, quand nous nous efforçons de leur signaler ce qui se cache sous ces gracieux défauts, et quelles en sont les conséquences.

Il est peut-être difficile de dire ce qu'il y a sous la mobilité féminine, car le plus souvent il n'y a rien : il y a le vide d'un jugement qui n'a pas été formé, d'une volonté qui n'a pas été cultivée, d'un caractère qui n'a pas été dirigé, d'une tête qui n'a pas été remplie. Il est plus facile d'indiquer ce qu'il y manque. Il y manque surtout une chose, qui est peut-être l'élément essentiel de la personnalité; il y manque la volonté.

Il manque d'abord la volonté qui *décide*, qui entre toutes les influences, entre tous les objets qui l'attirent, arrête sa direction, choisit son but et s'y attache. Et il manque ensuite la volonté qui *persévère*, qui, après s'être attachée au but, le poursuit sans se laisser arrêter par aucun obstacle. Il y a dans le vocabulaire des jeunes filles un mot qui revient souvent, appliqué aux plus petites choses comme aux plus grandes, depuis l'exclamation de la coquette devant un magasin de modes : je *voudrais* tant avoir ce chapeau, jusqu'au cri de la conscience remuée : je *voudrais* devenir meilleure. Il leur manque de remplacer cet inutile souhait : je voudrais, par cette calme décision : *je veux.*

Et voici la conséquence de ce défaut. Là où il n'y a point de volonté, il ne reste que des velléités. On voudrait bien faire, on voudrait vaincre ses défauts, on voudrait soulager quelque misère ou quelque douleur, corriger quelques erreurs ou combattre quelque mal, on voudrait poursuivre quelque œuvre utile. Mais cela ne dépasse jamais le simple désir dont l'apôtre saint Jacques (1) déclare qu'il est semblable au flot de la mer agité çà et là par le vent. Il y a des vies qui par cette impuissance de la volonté se sont perdues tout entières à rêver le bien sans jamais l'accomplir.

(1) Saint Jacques I, 6.

Et il en résulte une autre conséquence plus grave encore. Quiconque n'a point de volonté personnelle finit par suivre le courant. N'ayant point l'énergie suffisante pour diriger ses pensées et ses actions, il pense et il agit comme tout le monde. C'est ce qui arrive à ces aimables jeunes filles. Elles s'en vont grossir la grande masse, esclave de l'opinion et des préjugés, le plus terrible obstacle à tout vrai progrès. Et dès lors, quand elles ne sont plus que l'un des éléments de cette masse inerte et malfaisante, elles méritent vraiment d'être appelées des plaies sociales. Mais alors même, quand elles sont comme figées dans le courant général, elles demeurent plus que jamais des girouettes. Quand le vent souffle sur une ville, toutes les girouettes sont tournées du même côté et il suffit de regarder l'une d'elles pour connaître la direction du vent. C'est même là l'utilité d'une bonne girouette. Celles dont nous parlons ont exactement le même rôle : il suffit de regarder l'une d'elles pour connaître le courant de la mode et les préjugés de l'époque. Nous souhaitons pour les jeunes filles chrétiennes un autre rôle que celui-là; nous souhaitons qu'elles deviennent des femmes, dont la douce et puissante influence change la direction des cœurs et des esprits, arrête les courants mauvais et en crée de bons. N'est-ce pas l'Ecriture sainte qui propose à la femme chrétienne ce rôle magnifique, quand elle parle de celles dont la douceur accompagnée de pureté est plus puissante que la Parole de Dieu elle-même pour gagner et changer les cœurs (1). Mais pour cela il faut qu'elles apprennent à vouloir ce qui est bien et à le vouloir avec une douceur énergiquement persévérante.

Grâces à Dieu, cela s'apprend. Pour apprendre à vouloir ce qui est bien, il suffit de demeurer en contact avec Jésus-Christ et avec l'Evangile. Et s'il est peut-être plus difficile d'apprendre à vouloir avec énergie, cela s'apprend aussi pourtant. Un colonel suisse en indiquait dernièrement le moyen, qui, disait-il, n'est pas un secret, puisque la Bible nous l'enseigne : c'est d'être obéissants; obéir toujours et partout au devoir, à la conscience, à Dieu; ne pas dire : je veux ou je ne veux pas, mais toujours dire : j'obéis (2). Ce moyen est le même pour les jeunes

____

(1) 1 Pierre III, 1-2.
(2) Allocution du colonel Perrot, instructeur de l'armée fédérale, aux officiers de la Suisse romande.

filles et pour les colonels, car c'est bien l'obéissance qui partout est le fondement de la volonté. Mais Jésus indiquait ce moyen d'une manière plus profonde, quand il disait : ma nourriture est de faire la volonté de mon Père ; car il nous montrait cette obéissance devenue la joie de la vie, parce qu'elle prend sa source dans l'amour. Chercher la volonté de notre Père, et dès lors l'accomplir humblement et joyeusement, sans nous demander si nous en sommes capables, parce qu'il le faut et parce que nous aimons, c'est là le secret qui a donné leur puissance de volonté aux héroïnes de la foi et du dévouement, depuis la servante d'Oberlin jusqu'à Elisabeth Fry, la visiteuse des prisons, ou jusqu'à Jeanne d'Arc, l'intrépide guerrière. Et c'est là le secret qui tous les jours transforme encore les plus faibles en des héroïnes, je veux dire simplement en des servantes de Dieu fidèles et persévérantes.

A. Quiévreux.

POSEUSE

MADEMOISELLE s'étudie devant son miroir. Soit par éducation, soit par vide naturel ou faiblesse de volonté, elle a renoncé à *être*, mais elle emploie à paraître tout ce qui lui reste d'énergie. D'abord, semble-t-il, c'est plus facile, c'est moins sévère, on y arrive plus vite -- et puis à force d'en imposer aux autres, on finit par devenir sa propre dupe, et par croire que ces manières, cet extérieur qui paraissent distingués, sont vraiment des signes certains de distinction d'esprit. Cependant l'art de paraître devient chaque jour plus compliqué, et la séance au miroir est longue.

Qu'il y a loin des raides daguerréotypes de nos grand'mères à ces miraculeux portraits, dont nos photographes ornent aujourd'hui leurs vitrines. Vous admirez sans doute les progrès de nos photographes, j'admire plutôt ceux de leurs clientes, et de la *pose*. Or, pour Mademoiselle et ses amies, nous sommes tous de simples *plaques sensibles :* la grande affaire, c'est d'y laisser une image réussie, et c'est pour cela qu'elles se condamnent à vivre, apprêtées et guindées, comme devant un perpétuel objectif.

Précieux auxiliaire qu'un miroir. Essais maladroits, attitudes manquées, ébauches ridicules, il reproduit tout sans en garder de trace, et c'est un conseiller indulgent qui n'éclate jamais de rire.

Que d'échaffaudages, pourtant, avant de trouver la coiffure qui flatte le plus, que d'amabilité dans le vide, avant de saisir au vol le sourire qui sied le mieux. Jamais sous-officier passant revue ne fut plus minutieux pour le soldat que l'original de Mademoiselle pour son image. Ce pli dédaigneux des lèvres, cette moue irrésistible, ce regard plein de finesse railleuse, et qui a l'air de lire dans le vôtre tout ce que vous croyez lui cacher, ont coûté plus de peine que le luisant des uniformes. Pourquoi Mademoiselle qui avait hier une robe sombre adoptera-t-elle aujourd'hui une toilette plus claire? — Parce que son miroir vient de lui révéler, sans flatterie, qu'elle a le teint plus délicat, et qu'elle sera en beauté. Une fleur ici, là une dorure, voilà plus importante affaire qu'une idée nouvelle dans l'esprit ou un dévouement dans le cœur : voilà le sérieux de la vie..... La faute n'en est-elle pas un peu à nous? et ne donnons-nous pas à Mademoiselle quelques raisons de nous prendre pour des *plaques sensibles?* L'extérieur nous *impressionne* cent fois plus sûrement que l'âme ou le caractère, et trop souvent la plus intelligente, la meilleure même laisse en nous une image ridicule à cause d'un geste ou d'un détail de toilette manqués. Avons-nous le droit de nous plaindre? C'est pourquoi, encore un coup d'œil sur l'ensemble, encore un sourire au miroir avant de e laisser tristement refléter le mur d'en face; — consolez-vous, pourtant, « conseiller des grâces », bien souvent dans la journée telle frise défaite, tel pli de robe auront besoin de vous.

Mademoiselle s'étudie devant son journal de modes. C'était tout à l'heure la glace impartiale, où on se voit telle qu'on est; voici maintenant le miroir idéal, où on se voit telle qu'il faut être. Car c'est elle toujours qu'en imagination la poseuse regarde sous ces toilettes nouvelles. Laquelle choisir? Ah! quel souci. Les savants plongés dans leurs lectures austères ne sont pas plus absorbés que la poseuse penchée sur ces feuilles élégantes, où s'étalent les dernières créations de la fantaisie. Ce sont les recueils des lois de la Mode, aussi absolues que celles de Napoléon, et toute poseuse est tenue de les connaître. A-t-elle du goût? il faut qu'elle y renonce : elle n'en retirerait que des ennuis. Imaginez-vous son dépit, quand reviendraient les cols relevés, chargés de nœuds et de fraises, si elle n'a pas de cou, ou la mode des manches bouffantes, si elle a la taille courte et plutôt forte. Elle s'affranchit bien vite de ces scrupules, et trouve même une distinction suprême à sortir affreusement engoncée, si c'est le dernier genre. Comme il arrive aux personnes exclusivement occupées d'une passion ou d'une idée, les poseuses perdent bientôt conscience de leurs exagérations : c'est une sorte de vertige. Un de leurs journaux nous montre au frontispice l'art empêchant la mode de suivre la folie : le graveur s'est trompé : c'est la folie qui empêche la mode de suivre l'art. Mademoiselle a voulu fuir l'effort sévère et continu qu'exigent la formation d'un caractère, la préparation d'une vie utile : la voilà soumise à la tyrannie la plus capricieuse. Son obéissance passive est une merveille. Quelque absurde que soit le mot d'ordre, dès qu'il est connu, elle n'a d'autre ambition que d'être la première à s'y conformer. Comment sera la robe de demain? Incapable de réagir, vaincue, résignée d'avance, la poseuse attend dans la crainte la décision de la déesse mystérieuse, dont les yeux, pour voir la beauté, changent à chaque saison.

On voit parfois dans nos musées de profanes visiteurs tomber en extase devant les larges cadres dorés, jusqu'à en oublier les tableaux. Serait-ce pour conquérir les suffrages de ces gens-là, Mademoiselle, que vous pâlissez sur votre journal de modes?

En visite, en promenade, au sermon, Mademoiselle s'étudie encore tout en posant. C'est en posant qu'on devient poseuse. Qu'a-t-elle vu? qu'a-t-elle retenu? Ce qui se porte, et comment on le porte, voilà tout. Aux Grands Goulets, ces gorges merveilleuses, où la route, taillée dans le roc, à 300 mètres de hauteur, surplombe un abîme d'enfer, j'ai pu la voir, un jour, elle ou sa sœur, jeune fille apprentie encore, uniquement occupée à observer les attitudes, la démarche, la toilette d'une maîtresse poseuse. C'est la même qui vient au temple, pour y apprendre l'art de plaire aux hommes, plutôt que celui de plaire à Dieu, heureuse si on l'admire et si les regards reviennent souvent vers elle, comme cette élégante, de Talmage, dont la traîne balaye chapelle, congrégation, pasteur et sermon !

Mais c'est en société surtout qu'il faut voir Mademoiselle. Jusqu'ici elle s'essayait, elle se préparait. Voici l'heure de mettre en relief les attitudes, les grâces, les toilettes étudiées. Elle ne doute pas un instant d'être le point de mire de tous les regards, et ne vit plus maintenant que pour l'impression qu'elle va produire. Voici des amies, poseuses comme elle, un groupe se forme, la conversation s'engage : sera-ce enfin la détente ? Point du tout : c'est la pose à l'état aigu, c'est l'instant où le photographe lève la main et prie de ne plus gâter d'un mouvement la belle ordonnance. Observez-les, puisque c'est pour cela qu'elles posent, et que la plus laide nourrit le secret espoir d'être adorable en photographie. Quelques paroles aimables, tandis que les regards inquiets fouillent les toilettes, jugent, critiquent, mesurent le danger d'être éclipsée : et bientôt commence une véritable lutte de manières, où l'on ne cesse parfois les hostilités que pour dédaigner ensemble la jeune fille plus modeste ou moins aisée qui n'a pu dissimuler toutes les petites défaillances de sa toilette. Leur conversation est vite monotone, car la pose fixe d'avance les sujets dont il faut parler, et jusqu'aux termes dont il faut se servir, et telle est la tyrannie de cette attitude, qu'elle dissimule même l'esprit qu'on pourrait avoir. En voici le programme : toilettes, jugements frondeurs et trop faciles, projets de distractions pour le lendemain, compliments forcés, exécution en quelques phrases dégagées de l'amie qui vient de sortir ou de celle qu'on attend, et surtout la médisance, systématique, obstinée, qui vous laisse une impression d'écœurement et de vide, et vous remet en mémoire cette maxime fameuse : « la médisance est l'esprit des sots ». Pourquoi tant de jeunes filles vraiment spirituelles et bonnes s'efforcent-elles à ce point de mériter un tel jugement. — Nulle bonne humeur, nulle gaieté franche. La poseuse mène une vie assez sévère. Il est vulgaire d'admirer, et il faut laisser l'enthousiasme à ceux qui n'ont

jamais rien vu. Même la joie, cet épanouisse-
ment de la fleur de vie, cette flamme de jeunesse
qui déborde du cœur comme d'un foyer trop
étroit, colore les joues, jaillit des lèvres et des
yeux et illumine tout ce qui nous entoure de
sourire et de bonté, — même la joie est proscrite.
Elle ferait éclater le masque de la poseuse. J'en
vois pourtant, dans le groupe, qui seraient
très-bien, vives, bonnes, intelligentes. Quel
charme trouvez-vous, Mademoiselle, à déformer
vos qualités, et à les passer au niveau brutal ?
La pose a son excuse chez les personnes qui
n'ont point de valeur par elles-mêmes, et s'en
servent comme de ces longs manteaux vulgairement nommés « cache-misère ». Pour être
gracieuse, il vous suffirait d'être naturelle :
comment pouvez-vous supporter sur vous ce
masque vulgaire! Ce qui fait l'intérêt de la vie,
ce sont les personnalités variées, inattendues, les
caractères, abandonnez cette recherche d'imitation servile : vos modèles ne méritent point tant
d'honneur; et ne laissez pas la pose ou la mode,
comme ce tyran d'autrefois, couper dans votre
jardin toutes les fleurs qui dépassent pour con-
traindre votre nature qui proteste, à la mono-
tonie. La pose, c'est le triomphe de la médiocrité.

C'est aussi celui des cœurs secs. A sa folle envie de paraître la poseuse sacrifie même ses amitiés. Parlez-lui de charité, essayez d'émouvoir sa pitié : elle en est revenue des prétendus pauvres : n'en a-t-elle pas vu elle-même acheter des douceurs, dès qu'ils avaient de l'argent? En fait de charité, elle ne connaît que les ventes. Parlez-lui d'humilité, elle ne vous comprendra pas. Elle connait la modestie, cette ruse de l'orgueil jouant à cache-cache, mais la vraie humilité qui seule prépare l'abandon et le don de soi-même, et qui, détournant de nous nos regards et notre pensée, nous ramène à notre prochain et à Dieu, elle ne la connaîtra que lorsqu'elle ne sera plus une poseuse, et regrettera de l'avoir été. Ce sera sans doute après la souffrance. — Elle s'ennuie bientôt d'elle-même : elle est inutile. Les petites vanités froissées lui font de grandes blessures, mais ses chagrins aussi sont stériles. Elle répand le froid autour d'elle.

Les années viendront. Pour cacher le vide intérieur, toujours plus grand, la pose lui deviendra toujours plus nécessaire. Son ménage sera un modèle de correction, — et d'ennui ; ses enfants seront des poupées, en

attendant de devenir des poseuses perfection-
nées. Et lorsqu'un jour, grisonnante déjà et
lassée de cette tension continue, elle verra d'un
regard plus clair à quel point la pose a guindé
sa vie, elle s'écriera comme ces dames désap-
pointées à qui le photographe montre leurs
épreuves : « Mais c'est une horreur, cela ! »

PAUL GOUNELLE.

SI GRACIEUSEMENT ÉGOÏSTE

I

Eh oui! C'est un comble! « Si gracieusement
égoïste », on l'a ainsi surnommée.

Ne la voyez-vous pas d'ici? Blonde ou brune,
frêle, charmante, jolie et embarrassée de ses
dix doigts dont elle ne sait que faire. Car
tourner et retourner des bagues sur de blanches mains ne constitue pas une occupation,
mais elle est « si gracieusement égoïste. »

Certes vous n'entendrez jamais sortir de sa
bouche un refus catégorique, nous allions dire
brutal, comme vous et moi en avons maintes
fois essuyés au cours d'une collecte de charité,
par exemple; ou quand vous sollicitiez quelque
don en faveur de l'œuvre des missions, ou
une adhésion au Comité des Amies de la Jeune

fille. Non, non, ce serait au-dessous d'une jeune personne si gracieusement égoïste.

A l'ouïe du récit d'une infortune aussi grande qu'imméritée, elle a, d'un fin mouchoir brodé, tiré de sa ceinture, — oh! de quel mouvement exquis! — tamponné ses yeux humides, et vous a gracieusement refusé.

Elle a de si pressantes obligations personnelles. Si elle avait su..... si elle avait prévu... Mais voilà, elle ne peut pas se contenter en fait de ganterie, parfumerie, sachets, de choses vulgaires. Elle tient non à la quantité, mais à la qualité. Sa bourse ne s'ouvrira donc point cette fois, — ni la prochaine, croyez-m'en, — pour ces sortes de dépenses.

Cela regarde sa tante, sa mère, ses sœurs aînées, qui ont *leurs* pauvres, *leurs* œuvres. A elle, on ne lui demande que de rester gracieuse.

Aussi, comme elle a su verser sur les malheurs de votre protégé quelques pleurs stériles, mais qui un instant lui ont donné une grâce de plus!

Quant à sa conscience, elle ne lui dira rien.

Bah! qu'en sait-on? Elle est peut-être de telle société de bienfaisance, de tel comité auxiliaire des missions, et elle n'a besoin de nul intermédiaire pour alléger sa bourse de quelques louis.

De quelque société ou comité, elle ne saurait y penser ! Elle n'a pas même su être « Fourmi », pas même l'une de celles, qui au dernier moment, vont au grandissime galop, et en rechignant beaucoup, acheter un ou deux vêtements cousus à la : Je n'ai pas le temps ! — chez la mercière du coin.

Encore moins serait-elle l'une de ces tranquilles et laborieuses Fourmis qui ont peut-être pris sur leur repos pour coudre, crocheter ou tricoter, avec un soin plein d'amour, le vêtement le plus commode, le plus chaud, pour l'une de ces créatures déshéritées, dont le Maître a dit : « Si vous le leur avez fait, vous me l'avez fait à moi-même. »

Non, non, de ses mains indolentes, une jeune personne si gracieusement égoïste n'a jamais manié l'aiguille ou le crochet que pour sa propre satisfaction. Point qu'elle ait le cœur sec et soit indifférente aux maux d'autrui. Mais elle s'émeut à fleur d'âme, si l'on peut dire ; elle est incapable d'un effort sérieux, d'une résolution menée à bien, d'un sacrifice.... qui soit un sacrifice de son bien-être, de son temps, de son argent. Elle ne donne que ce qui ne lui coûte, ni peine, ni fatigue.

Pourtant elle est d'une bonne humeur inaltérable, qui tout d'abord subjugue.

Quand elle secoue sa jolie tête d'un air mutin, elle est irrésistible. C'est elle que l'on produit de préférence en société, et monsieur son père paraît un peu vain de mademoiselle sa fille.

Ses grands frères raffolent d'elle..., quand ils n'ont besoin que de grâce et de sourires.

Grand'maman la nomme son bel oiseau blanc, mais c'est à elle bien rarement qu'on vient demander un conseil, réclamer un service, faire un aveu ou une confidence pénible.

Le soir, au retour des affaires, quand son père est bien las, ce n'est pas elle qui la première sait mettre la main sur le journal, lire l'article désiré. Ce n'est pas elle qui supplée à la vue affaiblie de la vénérable aïeule, et qui a su, avant l'une ou l'autre de ses sœurs, relever la maille errante dans le tricot trop fin pour des yeux fatigués. Ce n'est point sur elle, que Georget, épuisé d'avoir tant pleuré, doucement bercé, finit par trouver le sommeil. Elle y a pensé après, voilà tout.

Et de la journée, il n'y aura pas eu un nuage sur son front, une nuance d'irritation dans sa voix, car uniquement préoccupée d'elle-même, elle reste toujours aussi gracieusement égoïste.

Dans les moindres détails de la vie journalière, vous la rencontrerez avec son perpétuel sourire.

Son gracieux égoïsme ne sera jamais en défaut.

Avant personne, elle a mis la main sur la revue qui contient un feuilleton « si palpitant »; avant personne, elle se sera donné la primeur des nouvelles, sans en rien communiquer à autrui. Il n'en vaut plus la peine.

Elle aura aussi la tasse de thé le plus chaud, la crème du lait, le toast le meilleur. Non qu'elle veuille accaparer ou monopoliser les menues douceurs, mais par une sorte de favoritisme inconscient de ses goûts, de ses préférences, de ses aises.

Ainsi, sans heurter personne, elle aura toujours une place auprès du feu, un coin en omnibus, un siège commode, lors même que la salle où doit parler l'orateur serait bondée.

Ce sont les grâces d'état, les petits privilèges d'une jeune personne si gracieusement égoïste. Elle sourit, elle cajole du regard, elle parle avec une douceur infinie, mais le centre de sa

vie, son premier, dernier et unique mobile :
c'est *soi-même*.

S'adorer avec cette grâce ineffable et être
blâmée, voyez-vous, il faut, comme seuls l'ont
certaines gens, avoir l'esprit mal fait, l'humeur
grincheuse! Il faut être bien osé vraiment pour
se risquer à critiquer une jeune personne aussi
égoïstement gracieuse.

Pardon! il fallait dire aussi gracieusement
égoïste!

II

Mais les années ont passé; la grâce est passée
aussi, et l'égoïsme est resté.

Resté! c'est-à-dire que comme ces chien-
dents parasites qui, dissimulés d'abord sous
quelques mottes de terre, ont fini par couvrir
le champ tout entier, l'égoïsme, le hideux
égoïsme a envahi toute une vie et l'a perdue!

Perdue pour la société, perdue pour l'Eglise,
perdue pour la famille.

La reconnaîtriez-vous? Si elle fut brune ou
blonde, il n'importe.

Sa grâce est devenue du laisser-aller; sa
douceur de l'inertie; elle semble excédée et
personne autour d'elle n'a l'air heureux.

A ne penser qu'à soi, à ne rechercher que soi, à ne caresser que ses goûts, à soigner, dorloter sa petite personne, on s'appauvrit de tout ce qu'on n'a pas donné.

A défaut de considérations meilleures : devoirs envers Dieu, envers la société, l'Eglise, la famille, le prochain, quel pauvre calcul.

Voyez plutôt. A peine mariée, car vous pensez bien que tant de grâces réunies n'étaient pas pour se momifier dans le célibat, elle s'est considérée comme une victime.

Passé les premiers mois de la lune de miel, — qui avait plus d'une fois menacé de se changer en lune rousse, — son pauvre bonhomme de mari a commencé de s'apercevoir qu'une femme aussi gracieusement égoïste pouvait bien n'être qu'égoïstement gracieuse.

Il a suggéré, oh ! avec quelle douceur, quelles prudentes circonlocutions, que leur intérieur pourrait être moins abandonné aux soins des serviteurs.

Mais comme Madame s'est suspendue à son cou, en murmurant un grand secret, Monsieur s'est dit : Après, cela ira mieux.

Après, cela n'a pas été mieux du tout.

Et quand est arrivé

Ce doux trésor, qu'au plus pauvre on envie,
Un bel enfant souriant dans ses bras!

elle a trouvé que c'était bien fatiguant, bien assujettissant de s'en occuper du matin au soir, et du soir au matin.

Ainsi, avec un enthousiasme très relatif, ont été accueillis, ont grandi, se sont élevés deux fils et trois filles.

Leur éducation n'a pas causé beaucoup de peine, ni coûté de grandes sollicitudes.

Ils ont tour à tour passé d'une nourrice normande à une « governess » anglaise; puis les filles de la « nursery » à la salle d'études, et les garçons au lycée, où l'internat leur a offert les camaraderies que vous savez, et les non moins incontestables occasions de devenir de vieux petits bourgeois à vingt ans.

Mais, son brave homme de mari, comme vous disiez tout à l'heure, il n'avait donc pas de moëlle dans les os; il ne savait pas vouloir?

Vouloir! Ignorez-vous la puissance de la force d'inertie? Lorsque conseils, insinuations, désirs discrètement ou nettement formulés, ordres et prières vont se briser devant une petite idole qui adore son repos avant tout ; que voulez-vous que fasse le plus épris, puis le plus désabusé, enfin le plus lassé des hommes de cœur !

Après cela, on ne demandera pas, si une femme, qui a été épouse et mère le moins possible, a été un membre utile de son Eglise, une aide dans la société, où chacun doit jeter dans la mesure de ses forces, selon un mot connu, « son poids de justice et de bonté. »

Nuisible à son mari pour lequel elle a été une entrave et non pas celle « qui lui fait du bien tous les jours et jamais du mal. »

Nuisible à ses enfants, qui ne pourront jamais avec ce délicieux frisson de cœur qu'éveillent les tendres souvenirs, se dire, s'ils deviennent — Dieu leur en fasse la grâce ! — des hommes de foi et des femmes de bien : « Nous le devons à notre mère. »

Nuisible à l'Eglise, car a-t-elle jamais pensé à le servir, Celui qu'en des cantiques pourtant elle appelait son Roi, son Maître ?

Nuisible à la société qui nous crie de tant de voix tour à tour pressantes, désespérées, ou noyées de sanglots : nous avons besoin de femmes de cœur !

Traite des noirs là-bas; traite des blanches ici; ailleurs salaire dérisoire des ouvrières; enfance abandonnée; vieillesse solitaire. Oh! que de nobles, de grandes, de courageuses causes, sinon à gagner — le succès est à Dieu, — mais au moins à défendre.

Et elle n'a jamais entendu, jamais vu, jamais songé à personne qu'à soi!

..... Une plaie enfin pour la famille, l'Eglise, la société!

Et ce serait à désespérer si l'on ne croyait à cette puissance rénovatrice qui sait changer les cœurs, réveiller les consciences.

. . . .

Plaise à Dieu, que ceux qui dans quelque vingt ans feuilleteront par curiosité ce livre, puissent s'écrier :

« Quelle charge! quelle exagération que ce portrait. » De telles femmes, s'il y en a jamais eu, il n'y en a plus. Ainsi soit-il!

INSIÈME.

POUPÉE

ELLE est jolie, merveilleusement jolie.

Elle possède justement ce que, sans oser se l'avouer peut-être, elle met au premier rang : la beauté. Elle sait que le charme, c'est la puissance; que dans le monde, la plupart des hommes en subissent l'empire, et qu'ils font comme une royauté à la jeune fille qui sait être belle !

Le charme ne se prête guère à l'analyse; il est indéfinissable par essence : c'est se condamner à l'irrémissible banalité que d'essayer le portrait de cette « ravissante » enfant : il semble qu'elle ait tout pour elle, la fraîcheur du teint délicatement rosé, la finesse des traits, la distinction des manières, la santé et surtout la grâce ingénue d'une âme d'enfant, que sais-je encore? Dans ce frais minois qu'encadre un nuage d'or, brillent et flamboient, comme dans le plus ensorcelant des écrins, de beaux yeux, grands diamants de l'eau la plus pure, la plus céleste! Une fascination, ce regard; un sortilège, ce sourire.

Un sage de la Grèce, dont les paroles étaient douces comme le miel, disait que « la beauté est la splendeur du bien », que les formes belles sont les reflets ici-bas de la perfection. Comment contester cette philosophie-là? Nous y croyons tous, d'instinct... N'est-ce pas un rayon de la divine lumière qui jaillit des profondeurs de certaines prunelles, qu'elles soient bleues comme l'infini du ciel, ou noires comme les abîmes du mystère? Comment douter que le charme vainqueur de notre exquise créature soit autre chose que l'éclat d'une intelligence fine, d'une conscience pure, d'une belle âme?

Il m'en coûte de ruiner tout ce prestige et de souffler sur toutes ces belles illusions. O Platon, quels démentis la réalité inflige à ton idéalisme! Tous les charmes de Mademoiselle X. ne sont nullement le rayonnement d'une âme :

Mademoiselle X. n'est qu'une poupée.

J'ai lu quelque part cette définition : « Une poupée, c'est un peu de son avec une robe par dessus ! » Disons moins irrévérencieusement, et avec plus de précision : c'est un simulacre d'enfant servant de jouet à des enfants. C'est une fiction dont on s'amuse.

Il y a donc deux choses à considérer dans une poupée : *sa nature*, qui est une fiction ; son *utilité sociale*, qui est l'amusement. — A ces deux points de vue, Mademoiselle X. est un idéal de poupée.

UNE FICTION

Une fiction peut être très belle, et exercer une véritable fascination sur l'humanité par un ensemble de fort jolies apparences simulant toutes les qualités de l'enfance adorable : la santé, la vie, l'ingénuité, le bonheur !

Quand elle est bien faite, savamment habillée et articulée, pimpante et parlante, une poupée a vraiment grand prestige et grand air et peut défier les dédains des vieux et même des jeunes moralistes ! Elle sait d'instinct qu'elle ravira son petit monde, et qu'on fera cercle autour d'elle. Elle conquiert non-seulement les suffrages des enfants superficiels et confiants, — or il y a des enfants à tout âge, — mais aussi ceux de toutes les âmes éprises de beauté. Symbole enchanteur de la vie, elle est la joie des yeux, le ravissement des sens !

Et je reste tout ahuri devant cette apparition. Est-il possible que l'ironie des contrastes puisse être portée à ce degré-là?... Etre une si jolie et si insignifiante enfant! — Il semble que la nature ait voulu se jouer et s'insulter elle-même dans ce qu'elle a produit de plus gracieux; quelque mauvais génie a malicieusement prodigué les ressources d'une incomparable esthétique pour revêtir le vide, pour parer une « nullité »! — Ne demandez pas à quelle profondeur d'âme est la source de ce regard qui paraît plein de pensée et plein de ciel : il est plein de vide; son éclat n'est pas celui de l'esprit, c'est celui de la chair; cette fraîcheur d'incarnat ne révèle pas la santé de l'âme, elle n'est que le masque magnifique d'une existence sans idéal.

Dans ce front nimbé d'or, aucun problème

ne s'agite, aucune idée d'un ordre supérieur ne passe : il y a encore le vide. Et ce néant de pensée, d'ambition saine ou d'amour vrai, est coupable, car il n'était nullement fatal. Elle aurait pu, — c'est de Mademoiselle X. que je parle, — être autre chose que l'Insignifiance faite chair. Elle aurait pu, si elle avait voulu, si elle avait obéi à la loi du devoir, acquérir de solides connaissances. Elle a mieux aimé *paraître* qu'*être ;* et à l'art de penser, de vouloir et d'aimer, elle a préféré l'art de plaire par les seules ressources que possèdent toutes les jolies poupées du monde, par les seules ressources de l'extérieur !

Sur ces lèvres, où flotte un discret sourire, ne cherchez ni la finesse de l'esprit ni le langage du cœur. Impossible de suivre avec elle une conversation sérieuse et suivie ; ses propos sont frivolité ; elle ne sait pas causer : elle articule des monosyllabes, quand il faudrait faire preuve d'intelligence ; le reste du temps, elle jase à tort et à travers.

Elle rit, babille ou crie, à la moindre provocation, à la manière des poupées qui parlent, dès qu'on presse, quelque part, une mécanique. Et ce sont toujours à peu près les mêmes

phrases articulées qui se déroulent, les mêmes
mots stéréotypés qui frappent l'air : car le
mécanisme à remontoir de cette mignonne
mais vaine créature est sans doute plus compliqué que celui d'une « poupée parlante »,
mais pas excessivement plus! Il se déroule tout
aussi fatalement, en formules toutes faites, en
propos inévitablement banals, simples échos
renouvelables à merci, — dans cette âme
creuse où tout se répercute indistinctement,
— des plus insignifiantes conversations et des
plus infimes bagatelles!

Que de gens à remontoir il y a de par le
monde! Ils sont réglés de façon à marcher les
uns leurs vingt-quatre heures, les autres un peu
plus longtemps : mais combien peu savent
posséder en eux-mêmes la force motrice par
excellence, toujours égale à elle-même, le mouvement qui ne finit jamais, la vie éternelle!

Pour tout dire, Mademoiselle X. n'a pas
d'individualité : elle ne sait même pas bien ce
qu'il faut entendre par là. Toute artificielle,
elle n'a rien qui soit vraiment *à elle* : ni ses
idées, ni ses sentiments, ni ses paroles, ni ses
sourires qui sont des reproductions, ni sa
mise, ni ses manières. Tout cela est imité,

copié ou singé. — Et quand il faut être *soi* pour être quelque chose, Mademoiselle n'est *rien*. Surtout pas de tête! Ses impitoyables frères l'appellent quelquefois « tête de linotte ». Elle est cousine de Girouette et sœur de Poseuse. Et Insième, qui la connaît mieux que moi, a demandé la permission de la photographier sous son aspect égoïste.

Son nihilisme d'un nouveau genre aura beau se dissimuler derrière la grâce et la beauté, il faudra bien qu'un jour le vide apparaisse, noir, insondable. On a beau couvrir de fleurs un cercueil, il n'en contient pas moins... la mort.

Quelle déception : la beauté servant de voile au néant! Une seule chose est nécessaire, et Mademoiselle X. ne la possède pas.

Elle est sans âme.

Elle est une fiction.

UN JOUET

Mademoiselle X. ne s'est jamais sérieusement posé la question : pourquoi suis-je dans ce monde, et qu'ai-je à y faire? Les idées de *vocation, d'utilité sociale*, de *mission* à remplir, n'ont pas même effleuré son esprit.

Toutefois, il se dégage de toute sa personne, de ses paroles et de sa manière d'être, une petite conception de la vie que je m'en vais vous esquisser.

Avant tout, elle est et veut rester un jouet ravissant. Elle fait de son existence une constante provocation au divertissement, à l'admiration de sa personne, au rire. Quand elle parvient à régner, elle condamne tous ses sujets aux travaux forcés de l'amusement.

Toute sa morale sociale est : *plaire,* comme toute sa morale personnelle est : *s'amuser.* Jouet vivant, elle ne connaît que la morale du plaisir et du caprice. Elle ne fait pas ce qu'elle *doit,* mais *ce qui lui plaît.* Son agrément est le principe de sa conduite. Elle ne s'occupe jamais sérieusement des choses sérieuses ! — Pour soumettre son entourage à sa morale de marionnettes, elle a des sanctions spéciales, depuis l'irrésistible moue jusqu'à la bouderie mutine et jusqu'à la crise de nerfs !...

Sa place : au théâtre, au bal, dans les salons, à la promenade la mieux fréquentée, partout enfin où il faut des objets décoratifs. Elle ira donc où l'on rit, où l'on s'amuse, où la badauderie triomphe. Que voulez-vous? On n'est pas pour rien de son temps. Et notre XIXᵉ siècle est le siècle des devantures de magasins et des expositions universelles. Elle fait partie de l'immense étalage social contemporain ; elle est le bibelot obligatoire de toute soirée mondaine, de toute société où l'on s'amuse et où l'on s'ennuie. — Si elle se marie, elle pourra être charmante, elle ne sera jamais utile. Jamais elle ne saura être la compagne vaillante et forte, dont tout homme de cœur a besoin. Chez elle, pas plus que dans la société, elle ne sera jamais à la hauteur des difficultés, des devoirs et des épreuves. — Le jeune homme sérieux en a le pressentiment et la redoute. Il a raison : elle lui infligerait l'insignifiance ou l'amusement à perpétuité !

Je me trompe : les jouets ne durent qu'un temps. A la longue, les poupées perdent leur fraîcheur et leur grâce ; la cire se fond, les couleurs s'effacent, le son se vide… Adieu, le plaisir ! Adieu la jeunesse en fleur : le temps est venu où la plante de Dieu doit porter des fruits, être utile aux hommes… Adieu, le printemps de la vie, et l'été, et les charmes ! Voici l'âge mûr avec ses soucis et ses luttes ; voici les devoirs austères qui arrivent. Voici la vieillesse avec ses rides et sa mélancolie... « La grâce trompe, et la beauté s'évanouit ». On met alors la poupée au rebut. C'est la revanche. C'est la sanction terrible qui attend toute existence manquée. Une jeune fille qui réduit sa vie à un rôle de mannequin, qui ne franchit jamais les horizons d'une poupée, — est évidemment *sans conscience,* donc sans avenir. Elle n'a aucune mission, car ce n'en est pas une que de distraire les autres de la leur.

Pas d'âme, pas de mission, pas d'éternité! Elle n'a su se rendre utile nulle part : elle sera donc jetée au rebut, où, comme le dit l'Evangile, « dans les ténèbres du dehors! »

*

Ne sommes-nous pas trop sévère? Est-elle la seule coupable, et n'a-t-elle pas de complices? — Il faut que je plaide les circonstances atténuantes.

Après tout, pourrait nous dire Mademoiselle X., si je suis ainsi, c'est la faute à la société. Et elle n'aurait pas absolument tort.

Dois-je faire la leçon à Madame sa mère? Mais

qui ne sait que les mamans font ce qu'elles peuvent? Le courant est invincible et les entraîne elles-mêmes : elles aussi rejettent la faute sur..... la société! Il faut encore avouer qu'elles n'ont pas absolument tort.

De tout temps la masse des hommes a été superficielle, badaude et veule, mais rarement peut-être autant qu'aujourd'hui. On ne vit plus guère que par les sens et l'on n'apprécie que ce qui brille!

Jésus demandait l'amour pieux et profond à la Magdeleine. L'Evangile du jour est moins exigeant, et réclame des qualités moins dépendantes de la volonté et du cœur. Notre siècle pardonne beaucoup, pardonne tout aux Magdeleines qui savent beaucoup charmer!

S'il y a, parmi les jeunes filles tant de poupées exquises mais frivoles, c'est sans doute un peu leur faute, mais aussi celle du milieu qui les aime et les veut ainsi. S'il y avait moins d'amateurs, il y aurait moins de poupées, c'est bien sûr : car en définitive la loi économique de l'offre et de la demande est constante pour les poupées vivantes aussi bien que pour celles qui sortent des fabriques de Paris ou de Nüremberg : leur production dépend des commandes que l'on fait, c'est-à-dire des désirs et des goûts du public! (1)

Si Mademoiselle se contente de *paraître*, si sa jolie tête ne réfléchit pas, si sa douce voix dit des choses futiles, si son cœur ne bat jamais pour de grandes causes, — c'est que la société qu'elle fréquente ne lui demande rien d'autre. — On dit qu'elle fait « galerie ». C'est le contraire qui est vrai : c'est « la galerie » qui l'a faite ce qu'elle est! C'est la badauderie qui a créé l'abus des étalages et des devantures de magasins.

Eh bien! il est temps que cela finisse, que notre société ne fabrique plus de poupées vivantes. Nous en sommes encombrés : il y a surproduction. Les statistiques sont effrayantes. On m'assure qu'on ne sait plus que faire, de

____

(1) « On veut que les femmes aient la tête vide, dans l'intérêt de leur santé physique et de leur beauté, peut-être aussi de leur soumission. Leur science doit être de plaire et de se faire belles, c'est-à-dire de se parer. » — « Trois mille ans d'expérience ne suffisent-ils point à faire entendre que la nullité de l'honnête femme, résultat de son instruction superficielle et de sa position déprimée, fait la grandeur de la courtisane ? » — C. Secrétan. « *Le droit de la femme* », p. 80.

tous ces jouets, qu'il n'y a pas moyen de les placer...

A leur façon les poupées, dont je parle, posent une question sociale. Et si jamais celle-là est résolue, vous pouvez être sûrs que ce sera par l'éducation morale et par des réformes que seul peut inspirer le christianisme.

ELIE GOUNELLE.

UN BAS BLEU MODERNE

JE m'imagine que le *bas bleu* a existé de tous temps, même lorsque personne encore ne portait de bas : la sotte vanité que l'on tire de son petit savoir et le mépris des devoirs familiers sont des travers trop répandus parmi les femmes pour que l'on puisse se représenter de nombreuses générations féminines se succédant les unes aux autres sans en être atteintes. Seulement la pédante change de figure selon les époques.

Je ne sais si l'on pourrait recueillir des documents précis sur les pédantes de l'antiquité et du moyen-âge, mais nous avons des femmes savantes du XVIIe siècle les portraits que Molière en a tracés, et nous connaissons celles qui les ont remplacées au siècle suivant, les femmes philosophes avec leur insupportable jargon plus ou moins inspiré de Jean-Jacques Rousseau.

Le *bas bleu* est le type moderne et date du commencement du XIXe siècle. On a prétendu que ce nom avait d'abord été donné à certain gentilhomme anglais, dont la conversation faisait les délices d'une petite coterie aristocratique et qu'il avait ensuite servi à désigner les femmes lettrées. Ma grand-mère, très bien informée des choses de la société parisienne sous le premier empire et la restauration, affirmait que le mot de *bas bleu* désignait, avec une intention de moquerie, le désir des femmes occupées, de science et de littérature de s'affranchir des minuties et des exigences de la mode : une élégante ne se montrait jamais qu'avec des bas d'une blancheur irréprochable; la femme auteur préférait les bas bleus de la paysanne et de l'ouvrière, et le reste de son costume s'accordait avec ce détail.

Je crains bien qu'actuellement au lieu de dire *bas bleu* on ne commence à dire *lycéenne*. Ce terme dans la bouche de bien des gens s'applique à un genre de jeunes filles qui n'est guère plus sympathique que le *bas bleu* de nos pères.

Pauvres petites lycéennes! dans leur ardent

désir d'étancher leur soif de savoir aux sources nouvellement mises à leur disposition, elles perdent quelquefois le sentiment de la mesure et l'entraînement qui les emporte leur attire de bien sévères critiques. Le portrait que nous allons leur présenter est peut-être légèrement caricaturé, mais le grossissement s'impose pour certaines études minutieuses.

Cécile a quitté depuis deux ans son cher lycée, mais elle est restée lycéenne avec passion. Ses frères continuent la guerre sans merci qu'ils lui ont faite depuis si longtemps, et il n'est pas étonnant qu'elle ait adopté ce pli dédaigneux de la lèvre et ce mouvement obstiné du front porté en avant, dont elle a l'air de vouloir repousser leurs attaques.

Son extérieur n'a rien qui prévienne en sa faveur et on comprend que les trois jeunes messieurs toujours correctement cravatés et gantés ne tiennent pas outre mesure à se montrer en ville dans la compagnie de Cécile.

Un chapeau placé au hasard sur une chevelure broussailleuse où se mêle un ruban mal attaché, une jupe mise de travers, une jaquette privée de plusieurs de ses boutons, des gants percés qui laissent voir des doigts tachés d'encre... voilà la tenue dans laquelle la jeune personne se présente le plus habituellement. La respectable dame qui tient le ménage du père de Cécile a beau multiplier les conseils et les représentations : « J'ai appris à mépriser les choses fortuites et passagères, répond-elle avec solennité; j'approuve tout-à-fait les bouddhistes, qui vivent dans la contemplation du néant et en arrivent à oublier leur propre existence. »

La brave créature qui passe son temps à s'oublier elle-même d'une toute autre façon ne comprend qu'à moitié ces magnifiques déclarations et se dit tout bas que l'existence de l'une des habitantes de la maison serait infiniment plus agréable, si la jeune Cécile, au lieu de contempler on ne sait quoi dans sa chambre, s'occupait à ranger ses affaires qui traînent dans tous les coins et à raccommoder son linge et ses vêtements. Le fait est que c'est une grosse complication que la présence dans un logis méthodiquement gouverné d'une personne qui oublie l'heure des repas, celles des cultes à l'église, des conférences, des rendez-vous avec les divers membres de la famille, qui ne sait rien trouver et bouleverse les buffets et les armoires, lorsque par hasard elle se charge d'une besogne quelconque. Ces besognes sont généralement des plus élémentaires, pour la bonne raison que Cécile serait incapable de se tirer de celles qui demanderaient un peu d'adresse.

Elle a dû, pour se conformer aux programmes des lycées, apprendre à coudre, mais ce n'est qu'avec un frémissement de révolte intérieure qu'elle s'est astreinte à ces humiliants travaux manuels. Et quels fiers accents elle a su trouver pour maudire l'aiguille « ce détestable symbole de l'infériorité dans laquelle l'égoïsme masculin s'applique à maintenir la plus noble partie de l'humanité. »

Ce ne sont jamais les grands mots et les adjectifs ronflants qui lui manquent. Ses frères bien souvent s'amusent à compléter les phrases de Cécile en ajoutant : « Comme on dit à la Chambre. »

Le fait est que la pauvre petite pérore bien plutôt qu'elle ne parle. Et de quel ton tranchant elle promulgue ses jugements !

Quand elle a dit d'une de ses cousines, gentille enfant active et gaie et dont sa mère ne pourrait pas se passer : « elle est totalement dépourvue

d'esprit philosophique », et d'une de ses
anciennes compagnes : « elle ne sait pas observer scientifiquement », cela est définitif. Ce
qu'elle préfère à tout c'est l'argumentation, la
discussion à outrance: la causerie douce et
simple, faite de mille petites choses insignifiantes en elles-mêmes, mais qui valent par les
liens qu'elles tissent incessamment entre les
membres de la famille, l'excède par sa monoto-
nie; combattre une doctrine littéraire, défendre
un système, à la bonne heure. Aussi qu'arrive-
t-il? Ses frères qui voudraient trouver, après les
heures de travail, une atmosphère paisible et
familiale, vont le plus qu'ils peuvent chez leur
tante, où personne ne songe à batailler, et le
père, soucieux et las, se retire dans son cabinet
de travail pour penser à celle qui jadis égayait
la maison et que Cécile n'a jamais essayé de
remplacer.

Tout le mal, voyez-vous, vient des succès
qu'elle a remportés à son lycée, de l'estime
particulière où l'ont tenue ses professeurs et
des éloges qu'on lui a prodigués. A ce régime,
la vanité de Cécile s'est développée dans des
proportions telles que l'enfant naïve qu'elle est
restée a perdu le sentiment de la réalité. Ce

qu'il y avait de relatif dans ces petits triomphes souvent renouvelés lui a échappé et elle s'est imaginé qu'elle conserverait sa supériorité en dehors de ce milieu spécial et restreint. Elle se prend très sérieusement pour un grand esprit et se figure que, lorsque dans quelques années elle présentera ses idées au monde pensant, elle comblera de graves lacunes et fournira aux problèmes qui troublent l'humanité des solutions définitives.

En attendant, elle croit avoir pour mission spéciale le soin d'éclairer ceux qui vivent autour d'elle, et elle s'est longtemps imaginé que sa tante et sa marraine n'avaient jamais rien appris, parce que ces deux femmes de haute intelligence et d'excellente éducation ne faisaient point étalage de leur savoir. Grande a été sa surprise en entendant un jour l'une d'elles analyser à l'usage d'un des frères de Cécile une étude philosophique lue depuis peu.

« Comment, marraine, s'est-elle écriée sans se douter de l'impertinence de sa remarque, tu comprends ces choses-là ? Je ne m'en étais pas doutée. »

Ce dont Cécile ne se doute pas non plus, c'est que l'instruction bien comprise n'a pas pour but

unique l'acquisition d'un certain nombre de
faits et la conquête de quelques diplômes.
Apprendre pour apprendre, c'est une gymnastique inutile. L'important n'est pas ce que l'on
sait, mais ce que l'on *est.* L'étude doit développer et fortifier l'esprit en vue de la tâche qui
attend chacun de nous ici-bas, et si elle avait
pour résultat de nous dégoûter de cette tâche,
mieux vaudrait mille fois l'ignorance!

Mais pourquoi une jeune fille instruite ne
serait-elle pas aussi habile que les autres pour
les travaux du ménage et les ouvrages de
femme? Y aurait-il, par hasard, incompatibilité
entre la science et l'habileté des mains? La
chimie, qu'est-ce si ce n'est une espèce de
cuisine, dont les manipulations aboutissent
à des combinaisons très inférieures comme
parfum et comme goût à celles qui s'élaborent
dans nos casseroles? La littérature et la broderie
n'ont-elles pas un rapport subtil? Enfin la
morale ne tire-t-elle pas son intérêt principal
des applications que l'on en peut faire à sa
propre individualité?

Pourquoi une jeune fille instruite serait-elle
moins aimable que les ignorantes? Il me semble
qu'au lieu de mépriser son entourage et de le

fatiguer par ses prétentions, elle devrait rapporter de ses expéditions en terrain scientifique une grande et sérieuse leçon de modestie : non seulement elle a pu mesurer en partie la distance colossale qui la sépare des vrais savants, mais en se rapprochant de l'Infini, qui de tous côtés lui a barré le chemin, elle a dû se pénétrer de l'idée de sa petitesse.

Jeunes filles qui possédez le don précieux de faire aimer ce que vous présentez de vos petites mains, si frêles en apparence, si puissantes en réalité, vous pouvez beaucoup pour l'émancipation intellectuelle de la femme qui compte encore tant d'ennemis. Ne gâtez pas vous-mêmes cette noble cause. Soyez aimables et actives, modestes, dévouées, charitables, réalisez dans vos personnes l'idéal complet de la femme chrétienne et la victoire sera gagnée pour toujours.

FANNY ANDRÉ.

AU PAYS DES RÊVES

L ENTEMENT, d'une démarche distraite, à la main un livre ouvert que les yeux ne fixent plus, le regard perdu sur un paysage peut-être admirable — et cependant non admiré — voilà notre héroïne.

Ne lui parlez pas ; votre voix, bruit terrestre discordant, la ferait douloureusement tressaillir..... elle est si loin, si haut dans le pays des rêves !

Légère comme une brume matinale, impalpable et vague, telle est sa rêverie ; elle a pour cette imagination de dix-huit ans le charme berceur d'une mélodie lointaine..... Laissez-la rêver ! Elle est si jeune ! La vie brutale la saisira bien assez tôt. Trop vite elle sera meurtrie aux pierres du chemin. Laissez-lui oublier les pierres et le chemin et la vie même.....

Hélas! quelqu'un l'a déjà rappelée aux réalités du devoir quotidien. Elle revient sur ses pas; les yeux encore lourds de rêve, les mains inhabiles, elle a entrepris l'ouvrage qui l'attendait. Pauvre travail mesquin! Qu'il lui paraît plus monotone encore après l'heure de féerie qu'elle vient de vivre! Qu'elle est terne, cette existence étroite où son âme étouffe comme un oiseau prisonnier!

Cependant, sa mère — une mère au regard d'indulgence inépuisable — a repris doucement le travail que sa fille accomplissait bien mal et, dans un soupir, elle murmure : « Oh! ma rêveuse! où donc voyage-t-elle! » Ou bien si elle voit le péril que court son enfant, son âme s'élève en une muette prière vers le Dieu qui peut seul la sauver.

— La sauver! D'un péril! Mais qu'ont à faire ces mots graves, après votre description d'une jeune fille rêveuse? Voilà bien les sermonneurs qui voient partout un texte à leurs leçons de morale!

— Non, ma lectrice, je n'ai nulle intention de vous prêcher. Je me souviens trop bien que les « leçons de morale » ont peu d'influence sur un folâtre esprit de dix-huit ans. J'aimerais seulement causer avec vous comme une sœur, un peu plus loin que vous sur la route de la vie et qui, de tout son cœur, voudrait vous montrer les ornières et vous dire : « Prenez garde ! d'autres sont tombées là ! »

Je le connais, aussi bien que vous, le charme exquis de ne plus vouloir, de ne plus penser, de se laisser emporter au gré de ses idées mobiles. C'est, au moral, un peu ce que la valse est au physique. Oh ! je le connais ce mystérieux pays des rêves, d'autant plus tentant que la vie extérieure vous heurte et vous pousse à vous isoler dans une atmosphère protectrice. Et cependant... le péril est là. Au bas de la pente, si vite descendue, je vois votre volonté anémiée, votre énergie brisée, vos désirs généreux volatilisés, votre vie manquée.

Vous secouez la tête ? Entrons dans les détails. *A quoi* rêvez-vous ? Car enfin si imprécise que soit votre rêverie, elle a un thème. Où êtes-vous, pendant ces heures trop brèves à votre gré ?

Vous êtes, le plus souvent, dans l'avenir. Oh ! l'avenir ! quel attrait magique il exerce sur des imaginations de jeunes filles ! Plus leur existence est terne, dénuée d'imprévu, plus l'avenir miroite à leurs regards ravis. C'est d'abord pour elles la page blanche, où des paroles d'amour vont s'inscrire bientôt. Elles ne se l'avouent pas; plus d'une rougirait même d'en être soupçonnée, et cependant le charme troublant d'un inconnu d'amour les fascine. Pauvres petites âmes! Qu'à ce moment, encore très pur, un démon lés effleure, qu'un livre défendu leur vienne sous les yeux et la légion des *mauvais rêves* est là. Rêves malsains, rêves dangereux, dont le seul frôlement laisse une marque indélébile. Pourquoi faut-il vous en parler ici? Hélas ! c'est que vous le connaissez ce recoin sombre du pays enchanté ; malgré la répulsion de tout votre être, vous l'avez parcouru avec je ne sais quelle avide curiosité... Mais pourquoi rappeler plus longtemps un souvenir qui vous hante? Votre conscience suffit à vous éclairer.

Vous rêvez encore à la *souffrance*. Dieu me préserve de toucher d'une main indiscrète aux véritables douleurs. Il en est d'amères même dans la prime jeunesse; ce n'est pas d'elles que je veux parler.

Mais souvent une éraflure au cœur ou à l'imagination devient le thème d'immenses rêveries. On examine en tous sens la blessure, on y retourne le fer avec volupté et l'on se croit avec délices la première et la seule à souffrir.

Dans un tout autre domaine, vous pouvez courir un égal danger. Oh! je sais qu'en touchant aux *rêveries religieuses* je vais bien fort vous scandaliser...

Vous venez de vous donner à Dieu; dans l'effusion des premières semaines, il vous semble que la vie chrétienne doit être toute faite de prière et d'adoration. Ah! certes, si, comme on l'a dit, « l'adoration, c'est recevoir la force d'imiter, de revivre la vie de Celui qui déjà ici-bas vivait dans le ciel (1) » restez à genoux, longtemps. Mais votre imagination est là, votre ardente imagination de jeune fille rêveuse. Oh! prenez garde! Vous glisserez insensiblement de la prière à l'élévation mystique, dé la communion avec Dieu à la rêverie avec vous-même. Et cependant vous voulez agir, vous désirez le sacrifice; alors, debout! agissez maintenant! L'heure est décisive, car si vous restez abîmée dans votre rêve stérile, les occasions de servir Dieu passeront sans retour, la vie s'écoulera et

____

(1) Fallot.

vous en viendrez vite à ne plus rechercher que les jouissances de la religion.

Prenez garde, là surtout ! C'est dans les rêveries religieuses, si légitimes en apparence, qu'ont sombré des milliers de jeunes volontés. Prenez garde, je vous en supplie. Ne transformez pas la large, et pure, et saine vie chrétienne en une suite d'impressions maladives ; ne rabaissez pas le Saint et le Juste aux divines exigences ; ne faites pas du Maître et du Roi un mystique et nébuleux Sauveur, n'aimez pas Jésus comme l'aima sainte Thérèse !

*
* *

Je ne vous ai que trop convaincue. Vous vous demandez tristement s'il faudra donc désormais « marcher comme un troupeau, les yeux fixés en terre » et brider à jamais cette « folle » à la baguette magique, qui pourtant vous ouvrait des horizons merveilleux.

Non ! ne la bridez pas ! Elle est fille du ciel et c'est Dieu lui-même qui vous permet de rêver. S'il est un pays des rêves dangereux aux jeunes âmes, il en est un autre où elles peuvent librement déployer les ailes : c'est celui des *rêves féconds*.

Plusieurs traits les distinguent des rêveries malsaines. Les unes débilitent insensiblement votre énergie et vous rendent incapable d'une résolution virile, quand l'heure de la prendre a sonné.

Les autres vous arment pour la lutte, développent toutes les forces latentes de votre volonté et, dans la bataille, vous soutiennent comme une vision céleste.

Les rêveries vous dégoûtent de la vie que Dieu a voulue pour vous, elles vous détournent de vos devoirs journaliers et vous poussent à une égoïste contemplation de vous-même.

Les rêves féconds, plus précis, vous font aimer la vie quelle qu'elle soit ; ils la transforment en vous montrant un idéal que tous vos efforts tendent à atteindre. Dès lors, que votre existence soit celle d'une humble ouvrière ou celle d'une jeune oisive, chaque difficulté devient un degré qui vous mène plus haut.

Les rêveries enfin deviennent rapidement leur propre but. Vous rêvez pour rêver, comme d'autres font de l'art pour l'art.

Bien différents sont les autres rêves. Ils restent toujours entre les mains de Dieu un *moyen*. Par eux, l'âme est retrempée, fortifiée pour un but final qui sera la réalisation du plan divin.

— Mais, ces rêves, quels sont-ils ? Comment les distinguer de ceux dont il faut se garder ?

— Dieu, ma lectrice, transforme tout ce qu'il touche. Le thème de vos rêveries stériles peut devenir celui de rêves féconds.

Vous rêvez à l'avenir, mais loin de vous isoler dans une tour d'ivoire et de faire de votre personne le centre et la fin de vos anxiétés, vous songez à ce que *vous* ferez pour les autres. Vous vous souvenez que vous avez eu le périlleux honneur de naître dans un siècle où s'affirme toujours plus haut la grande loi de la solidarité, et dans le silence et le recueillement, vous rêvez aux moyens de faire de cette loi la règle de votre vie.

Vous songez qu'il y a des souffrances sans nombre sur la terre où vous passez et, si votre propre cœur a souffert, vous en bénissez Dieu, car ainsi vous comprendrez ceux que la douleur a brisés.

Vous rêvez à l'amour ! Oui, cela aussi vous est permis. L'amour « plus fort que la mort », qui fait de deux êtres une seule âme, vous pouvez y songer ; et devant la pure vision du véritable amour, vous verrez comme s'enfuiront vite les autres images, fleurs empoisonnées de vos rêveries égoïstes.

Et, enfin, vous pouvez adorer. Vous *devez* le faire, car s'il est un rêve pur et créateur, c'est celui-là. « Où sont, a dit quelqu'un, les hommes qui savent s'agenouiller solitairement et rester à genoux, ceux dont le front s'éclaire après leurs entretiens avec l'Eternel, ceux qui parlent peu, parce qu'ils pensent, et qui pensent beaucoup, parce qu'ils prient ? (1) »

Ce rêve de vie sainte fait à genoux, cet Evangile vous pénétrant de sa mystérieuse puissance, vous préservera des dangers d'une religiosité vague. Vous serez peut-être encore des rêveuses, mais vous le serez comme l'ont été tous ceux qui, dans l'ombre du passé ou dans les luttes du présent, préparent sur la terre l'avènement du Christ.

JEANNE SÉQUESTRA.

(1) Wilfred Monod.

MADEMOISELLE A SES NERFS

Ce matin, au premier déjeûner, Mademoiselle Emilie entre dans la salle à manger un bon quart d'heure en retard. A peine assise, elle déploie sa serviette d'un geste sec, et, par quelques monosyllabes impérieux, elle réclame de ses jeunes frères et sœurs : « Lait, — pain, — beurre, — sucre, — café. » En se versant du lait, elle esquisse une grimace de dégoût : une odieuse pellicule de crême, formée par le refroidissement à la surface du liquide, a eu l'impertinence de tomber dans son bol. Puis, c'est le café qui n'est pas chaud, le pain qui a trop de croûte, une mouche sur le bord de la tasse, toutes choses « agaçantes » au suprême degré.

— « Il paraît qu'aujourd'hui Mademoiselle a ses nerfs, » prononce gravement Gaston, qui

n'a peur de rien, pas même de sa sœur aînée.
Et la petite Alice d'étouffer une envie de rire,
en avalant un gros morceau de tartine.

Ni l'observation de Gaston, ni l'accès contenu
d'Alice ne sont du goût d'Emilie, qui lève les
épaules avec impatience, pince les lèvres,
fronce les sourcils, secoue ses boucles brunes,
puis marmotte entre les dents quelques épi-
thètes sévères.

— « Voyons, mes enfants, un peu de support
mutuel, » dit avec douceur la pauvre maman,
attristée par ces matinales escarmouches.

C'en est assez pour qu'Emilie éclate :

— « Mais qu'est-ce que je leur ai donc fait,
pour qu'ils soient toujours après moi ? Tas de
petits sots ! D'ailleurs, si c'est comme ça, je
n'ai pas faim ; je préfère ne pas déjeûner. » —
Et, replaçant sa serviette auprès de la tasse
presque pleine, elle se lève tout d'une pièce,
sort en claquant la porte et remonte dans sa
chambre.

N'allez pas croire au moins qu'Emilie soit
malade, ni qu'à l'ordinaire elle se passe de
manger ! Elle a, au fond, très bonne santé.
Hier, elle a déjeûné d'un excellent appétit, et
fort joyeusement, à l'idée de passer la journée

avec son inséparable amie, sa chère Madeleine. Et même soyez tranquille : tantôt, quand la crise sera passée, elle ira en cachette fureter dans le buffet et chercher un morceau de pain, où elle mordra à belles dents.

Mais, pour le moment, elle a fermé la porte à clef, et assise devant sa table de travail, la tête dans les mains, elle pleure à chaudes larmes. Elle se trouve si malheureuse! Vous voudriez bien savoir la vraie cause d'un tel chagrin. Hélas! je l'ignore, et elle-même ne saurait pas le dire au juste. C'est tout et ce n'est rien.

Peut-être simplement Emilie s'est-elle trop livrée hier aux épanchements de l'amitié, et d'une amitié qui n'est pas pour elle absolument bienfaisante. Chez Madeleine, tout est si somptueux : l'habitation élégante, le service raffiné, la vie facile. Emilie a pris goût à ces splendeurs. Rentrée chez elle, où l'existence est plus modeste, elle a trouvé le cadre mesquin, les personnages vulgaires. D'autant plus qu'on l'avait gâtée là-bas par des compliments excessifs, dont elle s'est encore exagéré la portée. Chez elle, elle se juge outrageusement méconnue.

Peut-être aussi qu'il entrait un peu de fatigue physique, un peu de surmenage dans cet accès de sensiblerie, — assez ridicule, au fond, vous le reconnaissez déjà à part vous, Mademoiselle, bien qu'il vous en coûte de l'avouer tout haut? Voyons, à quelle heure vous êtes-vous couchée hier au soir? Dans votre lit, n'avez-vous pas encore lu très longtemps, avant de souffler la bougie? Ne vous êtes-vous pas passionnée pour votre lecture, — je ne sais quel roman senti-mental ou dramatique, dont vous avez même ruminé les péripéties dans votre esprit, avant de fermer les yeux. Et voilà pourquoi, endormie très tard, vous vous êtes réveillée très tard aussi, de mauvaise humeur; vous vous êtes habillée à la diable, sans un instant pour le recueillement, pour la prière, et vous avez affronté, désarmée, la conscience mauvaise, et vaincue d'avance, les devoirs et les périls de cette nouvelle journée.

Malheureusement, vous n'en êtes pas à la première répétition de cette sotte et très fâcheuse tragi-comédie. Gaston et Edouard, Alice et Sophie ont pu souvent constater que « Made-moiselle avait ses nerfs ». Oh! je le sais, cela ne dure pas très longtemps. Les giboulées de mars non plus. Bientôt, le soleil reluit dans le ciel, et la bonne humeur dans vos yeux. Les giboulées n'en sont pas moins parfaitement désagréables, et plus encore les caprices d'une petite fille soi-disant nerveuse.

Il faut, ma chère enfant, vous corriger de ce défaut. Il vous fait beaucoup souffrir, ce qui n'est que juste. Mais il empoisonne aussi l'existence de ceux qui 'vivent sous votre toit, et ceux-là, vous n'avez pas le droit de les rendre malheureux.

Vous dites que c'est plus fort que vous, que vous êtes vraiment malade, que vos nerfs sont délicats et qu'on devrait les ménager davantage. Mais c'est à vous à les ménager tout d'abord. En vous abandonnant sans défense au premier mouvement d'irritation, ne voyez-vous pas que vous les contractez, ces fameux nerfs, que vous les exaspérez à plaisir?

Je veux admettre que votre santé physique ne soit pas en parfait équilibre. Vous n'êtes point, grâce à Dieu, une « névrosée », comme vous le disiez l'autre jour à votre amie Madeleine, en soupirant et en tâchant de vous faire plaindre. Non, le mot est beaucoup trop gros pour votre cas. Mais il se peut que votre tempérament laisse, de ce côté-là, quelque chose à désirer. Le temps où nous vivons est éprouvant pour les nerfs des jeunes filles. Issues d'une génération qui a beaucoup travaillé, et qui souvent a mené de front, avec de fatigantes études, des plaisirs encore plus exténuants, plusieurs apportent en venant au monde une tendance fâcheuse à l'irritabilité sentimentale. Une éducation forcée, anormale, une vraie culture en serre chaude développe cette tendance.

Vous, par exemple, Emilie, depuis' l'âge de six ans, vous avez passé beaucoup d'heures tous les jours à votre pupitre ou à votre piano. Le temps pour les sorties, les promenades, la gymnastique, vous était parcimonieusement mesuré. Sauf pendant les vacances, vous n'aviez guère l'occasion de prendre librement vos ébats, au grand air, au bon soleil, sans la gêne des vêtements de cérémonie. Plus tard, vous avez préparé des examens difficiles. Vous les avez passés brillamment, mais non sans un grand effort intellectuel, sans de longues soirées passées sous la lampe. Vous avez perdu, à ce régime, le goût de la marche et des exercices physiques. Votre cerveau a trop travaillé, au détriment de vos jambes, de vos bras, de vos poumons. Je veux bien croire qu'aujourd'hui vous en subissez les conséquences. Cela n'est pas très grave, mais il faut y veiller.

Vous allez donc désormais vous astreindre à sortir tous les jours, par tous les temps, même quand vous n'en aurez nulle envie. Vous saisirez toutes les occasions pour aller loin de la ville, pour respirer l'air des champs. Le dimanche ou le jeudi, au lieu de vous enfermer toute l'après-midi dans la chambre de Madeleine ou d'Emma, ou de Cécile, d'où vous sortez toute rouge et congestionnée, vous consentirez à accompagner vos frères dans leurs excursions : ce sera très bon pour eux et pour vous. Vous vous coucherez de bonne heure et vous vous lèverez de même : rien ne vaut l'air du matin, et les ablutions d'eau froide, pour calmer les nerfs, en fortifiant les muscles. Après le dîner du soir, vous éviterez tout ce qui met le cerveau trop fortement en branle, tout ce qui chasse le sommeil. A toute heure, croyez-moi, soyez sobre de thé, de café, comme votre grand frère doit l'être d'alcool ou de vin. Buvez à l'ordinaire de l'eau ou du lait. Enfin, rendez le plus de services possible dans la maison. Balayez les chambres, descendez à la cuisine, étendez ou pliez le linge, faites le ménage. Dieu n'a pas créé la femme pour l'oisiveté ou pour des occupations sédentaires; il l'a créée pour l'activité domestique, comme il a créé l'homme pour l'activité extérieure. Ne pensez pas que vous deviez soigner vos nerfs en les accotant dans un fauteuil moelleux, ou en les étendant sur une chaise longue : secouez-les, et vous en deviendrez bientôt la maîtresse.

Mais je m'en veux presque, Emilie, de m'être attardé à ces conseils. Votre mal relève, à vrai dire, du moraliste beaucoup plus que du médecin. Non, vous n'êtes pas vraiment malade. Vous avez fort bonne mine. Ce n'est pas de, votre santé qu'il faut être inquiet, c'est de votre caractère, c'est de votre cœur et de votre âme. Vos nerfs ne sont ici qu'un prétexte.

A l'occasion, vous savez fort bien les dominer. Je vous ai vue quelquefois très gentille, très complaisante, d'humeur très égale et très facile. J'ai remarqué que vos accès ne vous prenaient jamais à certains jours, ni dans certaines compagnies. C'est un spectacle dont vous réservez le monopole à vos parents et à vos serviteurs. Même avec des gens ennuyeux, vous pouvez être aimable, ou tout au moins patiente, si vous désirez qu'ils remportent de vous une bonne opinion. Par exemple, vous prenez ensuite votre revanche; après avoir écouté, le sourire aux lèvres, ces importuns qu'il fallait ménager, vous faites retomber en cascade, sur des innocents moins imposants, les flots accumulés de votre mauvaise humeur. Bien des personnes, qui croient vous connaître, louent votre aménité de caractère, votre universelle bienveillance. Elles ne se doutent pas que ce n'est là qu'un masque d'emprunt, et que, dans l'intimité de la famille, le masque tombe, le sourire s'évanouit, et les nerfs rentrent en jeu.

Eh bien! je vous le dis franchement, ce régime n'a que trop duré. Le moment est venu de le réformer de fond en comble. Il y va de tout votre bonheur à venir. Ceux qui vous entourent aujourd'hui vous aiment sincèrement : vous-même vous n'en doutez pas. Mais, à part la tendresse de votre père et de votre mère, que rien ne refroidira jamais, il n'est pas d'affection humaine qui puisse résister indéfiniment à l'épreuve de vos caprices périodiques. Or vous n'aurez pas toujours auprès de vous votre père et votre mère, pour tout excuser, ou du moins tout supporter. Il viendra un temps, je le crains, où vous pourrez dire en toute vérité ce que vous disiez ce matin, en rentrant dans votre chambre : « Personne ne m'aime ! » C'est vous qui aurez tué l'amour dans les cœurs les plus fidèles.

Croyez-moi, mon enfant, l'amabilité, l'égalité de caractère, la promptitude à se rendre utile, serviable, gracieuse à tous, est le plus bel ornement d'une jeune fille. Voyez Irène, dont tout le monde chante les louanges. Sur son compte, il n'y a qu'une opinion : c'est une jeune fille parfaite. Et cependant elle n'est ni aussi belle que Madeleine, ni aussi intelligente que vous, je puis bien le dire sans vous flatter. Elle n'a pas son brevet supérieur, elle ne chante pas, elle ne dessine pas, elle ne parle que le français Mais elle est si bonne, si obligeante, si dévouée ! Sa mère, toujours maladive, exige beaucoup d'elle et la rudoie quelquefois : Irène supporte tout sans se plaindre. Elle est la bonne fée de la maison, l'ange gardien de ses petits frères, le bâton de vieillesse sur lequel son père s'appuie avec confiance. On la trouve toujours prête à préférer le devoir au plaisir, à s'effacer elle-même. Et tandis que tant d'autres, qu'on s'ingénie à contenter, prennent des airs de victimes, elle, qui ne connaît de la vie que ses sévérités, se sacrifie gaiement.

Vous dites : « C'est bien simple, Irène n'a pas de nerfs! » Détrompez-vous, Emilie. Elle a un cœur infiniment délicat, et ressent les blessures tout aussi vivement que vous. Elle a, comme vous, ses heures de tristesse, même ses crises de découragement. Mais elle est vaillante, elle n'en laisse rien voir. Seule, dans sa chambre, il lui arrive de comparer les privilèges de ses compagnes à ses propres privations, à ses humiliations, et les larmes lui montent aux yeux. Alors, elle se jette à genoux, elle cherche la force en haut. Elle pense à Celui qui est venu, non pour être servi, mais pour servir. Elle se met à son école, elle s'assied à ses pieds, sachant que c'est la bonne part. Humble disciple du Maître qui porta la couronne d'épines, elle n'ambitionne pas de porter une couronne de roses, qui siérait pourtant à son front si blanc, qui encadrerait à merveille ses yeux si doux et son charmant sourire. Elle étouffe bravement en elle tout mouvement d'amour propre ou de vanité. Elle ne cherche à discerner qu'une chose, le devoir, et, quand il lui est apparu, son seul désir est de l'accomplir de son mieux et sans réserve.

Vous, ma chère Emilie, quand vous êtes en face de vous-même, c'est, je le crains, à vos projets contrariés, à vos droits méconnus, à votre dignité outragée que vous pensez surtout. Au lieu de confesser vos torts, vous énumérez vos griefs. Le vrai nom de vos nerfs, c'est l'égoïsme. Ayez le courage de le reconnaître ; ce sera le premier pas vers la guérison.

Jean Bianquis.

II

L'ÉDUCATION ET LE MILIEU

L'ÉDUCATION AU FOYER

L'ÉDUCATION est toujours la préparation à la vie. Bien ou mal entendue, celle que nous donnons à nos enfants les prépare à la vie, telle que nous la concevons.

Il y a deux manières de concevoir la vie selon qu'on la voue soit au plaisir, soit au devoir. Quelle est celle de ces deux manières que les faits révèlent comme ordinaire et courante?

I

Nous demandons à nos fillettes dès leurs premières années :

D'être sages, c'est-à-dire de ne pas nous

déranger, de ne pas nous donner de peine, de nous faire plaisir ;

D'être gentilles à l'œil et flatteuses pour l'amour-propre des parents ;

D'être gaies, contentes, et nous faisons tout le possible pour les contenter. De là l'habitude de les gâter, de se conformer à toutes leurs fantaisies. Aiment-elles les sucreries, on leur en donne ; désirent-elles un objet brillant, on le leur achète ; veulent-elles se présenter en jolie toilette devant leurs connaissances, on les rend pimpantes. Dans le monde bourgeois, on organise pour leur faire plaisir des bals d'enfants, où il n'est question que de singer les bals des grandes personnes ; dans le peuple, on déguise, on travestit ces pauvres enfants les jours de carnaval et de mi-carême, on les mène à tous les lieux de divertissements. A cette besogne de gâter l'enfant chacun s'applique avec zèle : la mère du matin au soir, le père, dès qu'il rentre, les voisins, à toute occasion.

Mais comment les parents veulent-ils encore leurs jeunes filles ? Il les leur faut :

Au niveau au moins de l'entourage, au-dessus, s'il se peut. En fait de savoir, par

exemple, le certificat d'études pour les ouvrières, le brevet pour les autres, sont exigés. Rien
de mieux. Elles vont donc à l'école, au cours.
Non qu'on aide beaucoup l'école ou qu'on se
soucie grandement des notes qu'elle donne; on
a plus de pente à s'indigner contre condis-
ciples et maîtresses, qui ne savent pas assez.
apprécier la compagne ou l'élève supérieure
qu'on leur a donnée. Au cours des petites
bourgeoises, la mère vise surtout à faire briller
sa fille; celle-ci n'y doit tenir que le premier
rang et c'est par la seule injustice qu'elle en
descend quelquefois. Mais école publique ou
cours privé, on n'y voit que le savoir, le
développement de l'esprit ou de la mémoire.
L'éducation du sentiment, du cœur, de la
volonté, est chose dont il n'est guère question.

Bien plus essentiels apparaissent, à qui peut
se les payer, les talents dits d'agrément destinés
à rehausser la grâce de la jeune fille. Celle-ci
n'y excelle pas souvent, ne vole pas bien haut :
n'importe; il y aura toujours des gens pour
admirer, pour applaudir, et ce n'est, au fond,
que de cela qu'il s'agit.

Briller par la toilette est plus facile et jugé plus
nécessaire. C'est là qu'il faut se distinguer, soit

par la richesse, soit par le goût du vêtement ;
c'est là que fille et mère rivalisent d'ardeur,
d'ingéniosité, d'ambition. N'allez pas croire
qu'elles cherchent à introduire des améliorations dans ce domaine de la mode : l'art y
consiste à être à la fois semblable aux autres et
différente. Différente uniquement? ce serait se
singulariser; semblable? ce serait n'être pas
distinguée; on tâche donc d'être l'un et l'autre,
et c'est là le grand secret; mais il y a dans cet
art des points fixes : une taille de guêpe est de
rigueur. Tant pis si la santé en souffre et si
Phidias proteste; le monde que l'on sert ne
transige pas sur ce point.

En résumé la jeune fille est élevée pour
plaire, aux parents d'abord, puis dans son
milieu.

Car l'idéal qu'on réalise en elle est celui qui
résume les goûts, les habitudes de ce milieu.
On s'y repait d'apparences; ce qui importe
surtout, c'est de paraître. La soie, par exemple,
y sera exigée, mais ce peut être une camelote, où
le coton entre pour les trois quarts. Etre riche
est nécessaire; on a donc un salon convenable,
sauf à coucher dans des chambres si étouffées
que les enfants y attrapent le croup ;'on donne

un bon dîner par hiver, sauf à manger, comme tel prince romain, du macaroni tous les autres jours de l'année. Le public, se dit-on, ignore ce détail. Que penserait-il, ô ciel ! s'il se doutait qu'on a de la peine à joindre les deux bouts ?

C'est de ce milieu qu'est sorti l'idéal courant de l'éducation des jeunes filles. On ne leur parle donc guère de ce que ce milieu ignore. Leur dire qu'il vaut mieux être que paraître, qu'il y a courage à se montrer tel qu'on est ? à quoi cela rimerait-il et comment serait-on considéré ? — Que nous sommes faits non pour nous seuls, mais pour les autres ? que l'égoïsme est bas et ne mène à rien ? Ce sont là maximes pour les saints ou les anges ; aussi nos fillettes n'en ont-elles pas les oreilles rebattues. Parlez-leur plutôt de l'argent : cela est solide, sonnant ; chacun voit à merveille qu'avec cela on se procure tout le reste.

Tel est le système d'éducation vulgairement usité dans les familles ; il a le mérite d'une grande simplicité et est à la portée de tout le monde. Supposez que, au cours d'une vie agitée, un homme ait perdu sa conscience, perte autrement grave que celle d'un porte-monnaie ; ou que, à un moment critique de sa

longue histoire, le peuple français ait oublié le
haut idéal de dévouement, de loyauté, de pitié
pour les faibles, qui l'a si longtemps animé :
individu et peuple, ayant à choisir un plan
d'éducation familiale, iraient de suite à celui-là;
et de fait tous y vont, car il est presque universel, ce qui est loin de vouloir dire qu'il soit
bon.

Car il est tout simplement la culture intensive
de l'égoïsme, chez l'enfant d'abord, puis aussi
chez les parents. Ceux-ci ne songent qu'à se
satisfaire eux-mêmes, — sauf aux jours où
quelque maladie, quelque danger de l'enfant
réveille en eux, avec leur sollicitude, le fond
d'abnégation et d'esprit de sacrifice qu'ils
avaient laissé dormir trop longtemps. Quant
à la jeune fille, tout ce qu'on a formé en elle,
c'est l'égoïsme, le caprice, la vanité, l'amour
de la louange, même imméritée, et d'apparences, même trompeuses : germes funestes, dont
on ne tardera pas à voir les développements.

En attendant, nos éducateurs n'éprouvent
pas d'inquiétude. Oh! si, du dehors, quelque
maladresse dérange la toilette de leur fille, ce
sera une explosion de colère; ou, si quelque
rivalité d'école, de bal, offusque un éclat que

l'on jugeait incomparable, il y aura haine, fureur, jalousie, car il ne faut pas porter atteinte à l'idole. Mais pour toutes les autres influences extérieures, on est d'une inépuisable indulgence. Les libres récits de ce qui se passe dans le voisinage ou de ce qui circule dans la presse, arrivent par le père et la mère aux oreilles de la jeune fille; les journaux licencieux ne sont pas prohibés et séjournent tranquillement sur la table; les images risquées ne sont pas jugées offensantes. Au théâtre, au café-concert, on amène l'enfant qu'on ne voudrait pas laisser seule; les camaraderies qui flattent sont accueillies, recherchées, sans souci de ce qu'elles peuvent avoir de périlleux. — Les jeunes filles, dit-on, ne sont pas sottes; elles devraient l'être cent fois, avec les habitudes de nos familles, pour conserver une ombre d'innocence. Aussi va-t-on moissonner ce que l'on a semé.

II

Cette enfant gâtée n'est pas une simple poupée, même de Nüremberg ; elle sait raisonner, tirer des conséquences et suit une logique en droite ligne. Elle était jolie, lui disiez-vous, spirituelle, à la mode, pleine de talent, éclipsant tout le monde? Elle le croit; elle en est même bien sûre et ne permet pas qu'on en doute autour d'elle. Aussi, dès que le temps a mûri le fruit de vos leçons, la voyez-vous se poser devant vous avec assurance, devenir volontaire, substituer ses idées aux vôtres et n'en exiger que plus fort la réalisation. La voilà quinteuse, capricieuse, et cette petite personne pour laquelle vous avez tout fait, ne vous tient compte de rien, ne prend conseil que d'elle-même. Vous voilà à crier à l'insubordination, à l'ingratitude, comme si le sol était ingrat, quand vous lui avez confié de l'ivraie, de ne pas vous produire du froment. De là aux écarts de conduite, quand l'occasion s'en présente, il n'y a pas loin. On le voit assez dans les familles ouvrières, où l'absence des parents laisse tant de facilités, où la fréquentation de' l'atelier expose à tant de tentations. Que d'exemples nous pourrions citer de mères désolées, n'ayant eu pourtant que des sentiments honorables, et qui ont vu mal tourner leurs filles, parce qu'elles n'avaient pas su les élever, parce qu'elles leur avaient laissé ignorer le devoir, parce qu'elles n'avaient su manifester leur affection que par la faiblesse, la gâterie, une indulgence sans limites.

Ces cas sont rares dans les familles aisées, où la surveillance est constante et le danger du dehors infiniment moindre. Mais croyez bien que la faute s'y expie aussi. Si les apparences sont sauves et la tenue extérieure impeccable, il y a souvent un fond de frivolité, de vanité, qui trahit chez la jeune fille l'insuccès final de l'œuvre de l'éducation. Ecoutez parler entre elles les jeunes filles du monde, qui passent pour avoir été les mieux élevées ; vous verrez qu'elles mettent l'accent sur tout ce qui est accessoire, qu'il n'est pas question du principal. Ce qui attire l'attention sur leur fortune, leur distinction, leurs talents, c'est ce qu'elles savent adroitement rappeler ; vous passerez des heures à les entendre parler d'équitation, d'opéra, de bals, de voyages, sans que rien vous révèle une âme au fond de ces jolies personnes. Vienne le mariage, et si l'expérience de la vie ou la bonne nature n'y mettent ordre par hasard, vous verrez quelle figure y feront des femmes qui n'ont jamais pensé qu'à elles, qui ont été leur propre idole, qui n'ont jamais soupçonné quel était dans la vie le rôle de la conscience.

Et maintenant généralisez; multipliez dans toutes les classes de la société les effets d'une éducation superficielle et purement extérieure, qui ne tient compte que de l'être physique et intellectuel, sans former le cœur et l'âme, et vous aurez l'explication de tout ce qui se passe sous vos yeux, de tous les faits divers de vos journaux : cette quantité de jeunes ouvrières qui se jettent étourdiment dans l'aventure de la vie, qui deviennent de si pauvres mères, des épouses si dénuées d'action et d'influence, souvent des femmes prises et laissées par caprice; et, d'autre part, tant de filles de familles bourgeoises, faisant de piètres ménages, passant les trois quarts de leurs journées à s'occuper de leur toilette, désagréables, et finissant parfois au divorce. Heureuses, c'est-à-dire amusées, distraites, charmeuses et charmées, voilà ce qu'elles rêvent toutes d'être, ce qui reste leur idéal jusqu'au bout, après avoir été l'idéal de leur enfance. Et comme le bonheur ne se trouve que lorsqu'on cherche mieux que le bonheur, il est logique et il est visible qu'elles ne l'atteignent pas à la poursuite de l'agrément.

Et elles ne sont pas seules à souffrir de cette erreur d'aiguillage, de cette éducation faussée ; nous en souffrons tous, la société entière en pâtit. La femme n'y a pas le rôle élevé, éducateur, initiateur qui lui revient. Elle n'est plus la vie intime du foyer, la gardienne de l'idéal. Si parfois elle parle, c'est en empruntant le vocabulaire violent de l'homme, en faisant du féminisme une forme du socialisme révolutionnaire. Rien de pur et de purifiant. Or, sans l'élévation morale de la femme, que devient la dignité de l'homme ?

Si j'ai suivi dans son évolution logique l'idée d'une éducation superficielle et à rebours, ce n'est pas que je méconnaisse les heureuses inconséquences qui en atténuent parfois le danger, ni les tentations extérieures qui le poussent à l'extrême. A côté de la frivolité et de la vanité, il y a parfois chez la jeune femme une volonté droite, un sentiment latent du devoir, que les nécessités de la vie, les épreuves surtout peuvent dégager et fortifier. On rencontre ainsi dans les classes relativement cultivées, des demi-éducations qui, se complétant au cours de l'existence, semblent démentir la théorie. Elles la confirment plutôt, le salut, dans ces occasions, venant précisément de l'appel fait un peu tard à des principes d'abord méconnus. Car, s'il y a parfois régression dans la destinée d'un homme, on y trouve plus souvent une marche progressive.

Il semble d'autre part qu'une éducation comme celle que nous avons décrite et dont est exclue la culture du sentiment moral, doive aboutir forcément à pire que la déception et la souffrance, je veux dire à la complète désorganisation de la vie, à la violation des lois, au délit, au crime. Cela arrive en effet, mais il faut alors que l'excitation au mal soit très vive, que l'éducation soit non seulement défectueuse, mais positivement mauvaise. Car la nature humaine a une certaine tendance à la rectitude, et elle n'y échappe que lorsque l'armature invisible qui la retient a été en quelque sorte brisée. Remarquez toutefois, que lorsqu'il y a détraquement complet de l'être humain, il ne résulte pas d'autres principes que ceux que nous avons vus à l'œuvre : égoïsme, sensualité, vanité, orgueil. Seulement alors ces principes agissent avec une intensité redoublée et les forces environnantes, au lieu de les contrarier, travaillent dans le même sens. Quand le mauvais exemple est donné par le père et la mère, que l'alcoolisme, par exemple, et le libertinage sont en permanence devant les yeux de l'enfant; quand, au dehors, de faux amis poussent à l'inconduite, alors la force du mal étant double et la résistance aussi faible, la catastrophe morale se produit. Il nous reste à voir comment l'éducation doit être entendue, pour que le mal que nous constatons, mal ordinaire ou aggravé, puisse être évité.

III

Dans l'éducation de nos filles, il ne s'agit nullement de sacrifier les grâces enfantines ou féminines. Elles sont un don de Dieu qu'il faut savoir apprécier. Un grand éducateur américain en a décrit ainsi le charme merveilleux : « Cette fleur de santé rose et céleste, ces mouvements qui ont la grâce et la liberté d'une flamme, ce parler doux et affectueux d'un esprit tiède encore de la main qui l'a créé »; mais il le rattache à l'idée d'un haut devoir, d'une mission bienfaisante : « Cette fille du ciel est destinée à traverser l'existence en soulageant les détresses, en rachetant les fautes, en évoquant le repentir ». Vouée seulement au plaisir et à l'égoïsme, la femme dégénère perd son auréole. Elle cesse de montrer à l'homme la route de ses destinées. Il faut donc l'élever d'après un autre idéal que celui du monde, idéal puisé dans une société plus pure, animée d'un haut sentiment du devoir et du sens de la vie, formée à l'école de la pureté évangélique. Mais la jeune fille touche à la terre ; elle doit y vivre et s'y frayer sa route. Il faut donc la munir des ressources nécessaires pour cette première et visible partie de son immortel voyage.

Qu'on travaille donc d'abord à lui faire un fond solide de santé, sans lequel l'existence serait pour elle sans saveur ni prix, et qu'on n'hésite pas à sacrifier à cet avantage les vains plaisirs et les enjolivements artificiels qui pourraient le compromettre. De l'air et de l'exercice à l'air, de l'eau et beaucoup d'eau, froide surtout ; un vêtement ample, qui laisse libres les mouvements ; ni ceinture ni corset trop serrés ; une nourriture substantielle et simple ; peu ou pas de sucreries ni de mets épicés ; bref une vie normale, aussi près que possible de la nature, un parfait dédain de la mode et des rivalités mondaines de toilette et d'élégance. Voilà ce que nous demandons et ce sera là l'article premier de notre programme.

Le second est la culture de son esprit, par où j'entends surtout de son bon sens, de sa raison, de son jugement. Il faut qu'elle arrive à cet égard à une impeccable justesse, car, pour une femme, l'erreur est périlleuse. A l'école, il ne s'agit nullement de faire de l'effet sur les compagnes ni de les surpasser ; mais de bien comprendre tout ce qui s'explique, de promener son esprit sur tous les détails d'un sujet ou d'une leçon ; de bien entendre et bien appliquer ce qu'on lit, de n'écrire que ce que l'on pense sincèrement soi-même. Quand l'imagination égare les jeunes filles et leur suggère des idées romanesques, c'est que leur esprit n'a pas assez de prises sur la réalité et qu'il se laisse emporter hors de la droite voie par l'effet de l'ignorance. Répétitrice des leçons de sa fille, la mère insistera surtout sur ce côté sérieux du savoir, sur son rapport avec la vie réelle. Elle doit beaucoup causer avec elle, sur tous les sujets qui touchent à la conduite et à la saine appréciation des choses ; provoquer l'expression de ses idées pour en distinguer l'exactitude ou l'erreur, afin d'affermir par son assentiment ce qui est bon et rectifier le reste ; la faire réfléchir, lui enseigner à prévoir, lui montrer les conséquences des paroles et des actes. C'est là le point capital dans l'éducation de l'esprit. Ou formez une femme réfléchie et sensée, ou craignez les plus redoutables méprises.

A cette culture de l'esprit pratique contribuera le soin donné à l'éducation professionnelle, car il en faut une. Dans les conditions actuelles de la société il est essentiel qu'une femme puisse se suffire ; riche ou non, et qui l'est aujourd'hui ? elle doit apprendre un art, un métier. Choisissez celui qui sera le plus accessible, qui offrira les meilleures chances d'assurer l'avenir, mais ne laissez pas votre fille affronter les difficultés de l'existence sans l'avoir pourvue des moyens d'y faire face. Ne comptez pas sur sa dot : elle a mille chances de lui manquer, de s'envoler à quelque détour de son chemin. Il y a peu à tirer en ce moment du talent d'enseigner, à moins de l'exporter ; faites donc cultiver un art, s'il y a possibilité de le porter assez loin, sinon choisissez un métier.

Mais ce qu'il faut cultiver par dessus tout, c'est le cœur, par où j'entends avec l'Evangile, l'ensemble des facultés morales : sentiment, conscience, caractère. Mais c'est là une éducation malaisée à donner. Un des maîtres de Port-Royal, Guyot, l'a montré avec une remarquable netteté : « On cultive beaucoup l'esprit, dit-il, mais peu le cœur, et cependant, c'est le cœur qui rend un homme bon ou méchant, juste ou injuste, ingrat ou reconnaissant, timide ou vaillant, cruel ou pitoyable. Or la leçon du cœur est une leçon d'exemple et celle de l'esprit une leçon de livre ; l'action instruit le cœur comme la parole instruit l'esprit ; il faut méditer, étudier, pour enseigner l'esprit, mais il faut bien faire et bien vivre pour enseigner le cœur ; et comme tout est plein de mauvaises actions, de mauvaises paroles et de mauvais sentiments, il ne faut pas s'étonner, si le cœur est plus mal instruit par ce qu'il voit, que l'esprit par ce qu'il entend. »

Vous ne serez donc éducateurs, ô pères, éducatrices, ô mères, que si tout en vous et autour de vous est de bonne influence et de bon exemple; ou que si votre action sur vos enfants est tellement puissante et rayonnante qu'elle neutralise tout ce qui lui est contraire au dehors. C'est donc le cœur qu'il faut échauffer, épurer, gagner; il faut le remplir de sentiments délicats, courageux, généreux. L'expérience montre que la supériorité d'un homme sur l'autre vient moins du savoir que du caractère, de l'esprit que de la volonté. Et il en est de même des peuples : le plus sérieux, le plus moral, le plus tenace dans ses desseins, triomphe du plus intelligent et du plus civilisé. C'est par le sentiment, par l'altruisme, que l'on vaut, et l'avenir appartient à qui aura le plus de vaillance, de volonté, de bonté, à qui aura la plus haute idée et la plus fidèle pratique du devoir.

Le devoir, par cela seul qu'il est compris et accepté, proclame que la vie n'a pas son but en elle-même, mais qu'elle est rattachée à un ordre supérieur. La femme, mise par la culture morale à sa vraie place et à son haut rang, a le sentiment particulièrement vif de ce monde idéal, auquel celui-ci est suspendu. Voulons-nous formuler en deux mots le principe de ce devoir, qui illumine la vie des clartés d'en haut? Nous dirons qu'il consiste à aimer les autres comme nous-mêmes et Dieu par dessus tout; Dieu, c'est-à-dire sous les formes où nous le saisissons, la justice, la pureté, l'amour, rayons émanés de lui et qui nous apportent le sens et la règle de la vie. C'est le sommaire de la loi et de l'Evangile ; c'est aussi le sommaire de notre civilisation plus chrétienne qu'elle ne le pense, car chacun a aujourd'hui le sentiment de sa solidarité, de son union avec les autres et aussi des principes supérieurs qui nous dominent. Tous, individus, familles, peuples prospèrent par la fidélité à ces principes et meurent de leur abandon.

M.-J. GAUFRÈS.

ÉCOLES

PENSIONNATS ET LYCÉES

DE JEUNES FILLES

LA famille, groupe naturel et nécessaire, est, par excellence, le milieu favorable à la jeune fille et à son développement normal. C'est dans son atmosphère de douce et chaude tendresse, et là seulement, que la jeune fille peut se préparer à ses fonctions et à son rôle d'épouse et de mère. Sans doute, la famille n'est pas toujours ce qu'elle devrait être, et, trop souvent hélas! la jeune fille y rencontre ses pires ennemis : l'impiété, l'incrédulité, l'indifférence en matière morale et religieuse, la frivolité, la dissipation, parfois même le vice. Mais quelques nombreuses qu'elles soient, ces déplorables exceptions n'infirment pas cette vérité fondamentale : *la jeune fille doit être élevée au foyer et en vue du foyer, qu'elle est appelée à fonder un jour et à diriger.*

Dès lors, que faut-il penser des écoles, des lycées, des pensionnats? Evidemment, ce sont là des groupes artificiels et dont on pourrait à la rigueur se passer. Loin de moi, cependant, l'intention de faire le procès en règle de ces institutions et de méconnaître leurs services passés, présents ou futurs! Néanmoins, j'estime que, par leur nature même, elles sont des milieux plutôt défavorables à la jeune fille et à son développement normal. Précisément parce que, dans bien des cas, elles se substituent à la famille qu'elles ne sauraient remplacer, elles ne préparent guère la jeune fille ou ne la préparent que fort mal à ses fonctions et à son rôle futur d'épouse et de mère.

Qu'est-ce à dire? Suis-je de l'avis du bonhomme Chrysale? La femme doit-elle, à mes yeux, se contenter de vaquer aux soins du ménage? Suis-je en train de la rabaisser et vais-je rompre des lances avec les représentants du féminisme? A Dieu ne plaise ! Partisan convaincu des droits civils et même politiques de la femme, je suis persuadé que l'exercice de ces droits ne lui prendrait que peu de temps, et, bien loin de la détourner de sa voie, lui permettrait, en relevant sa dignité, d'y marcher d'un pas plus assuré. Mais les droits civils et politiques, je veux les conférer à de vraies épouses, à de vraies mères, et non pas à des êtres hybrides et mal définis, sortes d'hommes manqués. Et voilà pourquoi j'affirme que la place de la jeune fille est au foyer, et que son devoir simple et modeste, — mais combien grand et combien beau! — c'est de travailler à devenir capable de fonder, à son tour, un foyer, capable de s'attacher un mari et d'élever des enfants!

Or, il est évident qu'il existe aujourd'hui une tendance très marquée à tirer la jeune fille de son foyer pour la fixer dans d'autres milieux. On transplante cette plante si délicate, dût-on lui faire perdre sa fraîcheur, sa grâce, son charme, et compromettre sa destinée. L'éducation en famille qui devrait être la règle est en train de devenir l'exception.

De bonne foi, un villageois un peu huppé peut-il garder sa fille auprès de lui? Non certes. Aussi, dès l'âge de dix à douze ans, l'enferme-

t-il dans un pensionnat du chef-lieu. En ville,
c'est autre chose. Jusqu'au moment de l'appren-
tissage, l'ouvrier envoie sa fille à l'école primaire
et l'y laisse avec plaisir toute la journée. Quant
aux personnes aisées ou riches, elles sont tout
heureuses de faire suivre à leurs filles les
cours du lycée.

Le fait est donc certain : la jeune fille de
notre époque déserte de plus en plus son foyer.
A mon avis, c'est là un mal que tout homme
patriote et chrétien doit combattre. A cet
effet, il est nécessaire d'en connaître les causes.
Elles sont multiples et complexes, et je n'ai
pas la prétention de les énumérer toutes. J'en
citerai deux seulement.

La première n'est pas à l'honneur de la
nature humaine. C'est le désir qu'éprouvent
certains parents de passer à d'autres la responsabilité de l'éducation de leurs filles. Ils
aiment leurs plaisirs ou leur tranquillité plus
que leurs devoirs, et, pour masquer leur
manque de conscience et de cœur, ils font
sonner bien haut les talents éducateurs des
écoles, des pensionnats et des lycées. Eh! sans
doute, dans le peuple, quand le père et la mère
travaillent chacun de leur côté, la jeune fille

est mieux à l'école primaire que partout ailleurs. Il y a ici cas de force majeure. Mais dans la bourgeoisie du village ou de la ville les parents ne cèdent-ils pas bien souvent à la tentation de se *débarrasser*, non pas peut-être de leur fille, mais, à coup sûr, de ce qu'ils considèrent comme une corvée : de son éducation? N'abdiquent-ils pas, par paresse, les hautes et redoutables prérogatives d'éducateurs?

Je me hâte d'ajouter que ce cas n'est pas général. Plus noble est le motif qui pousse tant de parents à confier leur fille à des mains étrangères. Ce motif, c'est *l'engouement parfaitement exagéré pour l'instruction*.

Je n'ignore pas qu'en parlant ainsi, je vais soulever contre moi, tout ce qui, de près ou de loin, touche à l'Université et la presque unanimité des parents. On va m'accuser de médire de l'instruction, de pactiser avec l'obscurantisme, etc... Et pourtant, si l'on veut bien y réfléchir, mon cas n'est pas pendable. J'aime et j'honore l'instruction autant qu'homme vivant. Pour nos filles, je la veux aussi large, aussi complète, aussi approfondie que possible. Plus une femme est instruite, plus elle est apte à devenir la

compagne de son mari, et la directrice écoutée
de ses enfants. Tout ce que je veux dire, c'est
ceci : l'instruction est devenue une sorte de
divinité nouvelle, à laquelle on sacrifie tout.
A l'école, au pensionnat, au lycée, la presque
totalité des heures est employée à instruire.
L'éducation doit se contenter de ce qui reste,
c'est-à-dire de presque rien. Et ce qui est plus
grave, cette éducation fait toujours penser à
des élèves qui prennent des notes, rédigent un
cours, et à des maîtres ou maîtresses parlant du
haut d'une chaire. L'éducation se réduit à une
sorte d'instruction. Soit dit en passant, cette
erreur s'est propagée jusque dans nos églises.
La préparation à la première communion consiste, en général, en une série d'*instructions
religieuses;* on fait son *instruction religieuse.*
Ne faudrait-il pas plutôt tâcher de réaliser
une *éducation chrétienne?*

Mais ne nous égarons pas. Pour la jeune fille
de nos jours, l'instruction est tout, l'éducation
presque rien; et le peu d'éducation qu'elle reçoit
revêt la forme d'une instruction. Je crois qu'il
y a là dessous une immense et profonde illusion.
La plupart de ceux qui s'occupent de la jeunesse s'imaginent que la science moralise.

Instruire, ce serait éduquer. Eh bien, non ; surtout pour la jeune fille, il n'en est pas ainsi, et une expérience déjà longue devrait nous avoir ouvert les yeux.

Que de jeunes filles pourvues du certificat d'études, du brevet simple et même du brevet supérieur, et qui sont cependant incapables de tenir un ménage et de diriger une maison ! Que de jeunes filles très ferrées en arithmétique, histoire et géographie, et qui sont vaniteuses, frivoles, bavardes, riches en défauts de tout genre, et dont on ne peut dire qu'une chose, c'est qu'on plaint celui qui sera leur mari et ceux qui seront leurs enfants ! Ah ! vous meublez la tête de vos filles : fort bien, vous avez raison. Mais ne vous imaginez pas que tout est gagné. Il faut encore redresser et fortifier leur volonté, purifier, élargir et réchauffer leur cœur, tremper leur caractère, produire cette merveille de douceur et de fermeté, d'énergie et de bonté, qui est la femme chrétienne. Que faites-vous pour atteindre ce but ?

Examinons les pensionnats. Jadis très à la mode, ils sont aujourd'hui en décadence à cause de la rude concurrence que leur font les lycées. Leurs élèves se recrutent surtout parmi les jeunes filles du village. Ici, la personne de la directrice décide de la valeur de l'institution. Le nombre des élèves étant relativement restreint, une certaine vie de famille est possible. Les jeunes filles peuvent subir une influence moralisatrice et chrétienne. Néanmoins, quelque remarquable que soit la directrice par sa valeur morale et sa piété, peut-elle se flatter de remplacer pour tant d'enfants le père et la mère? Peut-elle exercer une surveillance égale à celle du foyer domestique? Peut-elle toujours empêcher qu'une brebis galeuse ne pénètre dans son troupeau? Peut-elle prévenir la contagion du mal? Peut-elle donner à chacune de ces âmes, en général si tendres, l'affection qui seule peut les faire vivre? Rien, non, rien ne remplace pour la jeune fille les caresses d'un père et d'une mère. Rien ne lui inspire, comme ces caresses, la passion de sa future fonction et de son futur rôle d'épouse et de mère, l'amour de son futur foyer domestique. Je préfère la famille au pensionnat et je dis aux parents : « Ne mettez votre fille en pension que lorsque, décidément, vous ne pouvez pas faire autrement. A l'ordinaire, contentez-vous d'une instruction moindre, mais suffisante, et gardez votre fille auprès de vous pour former son caractère et faire d'elle une femme chrétienne. »

Mais le pensionnat est plutôt une exception. La plupart des jeunes filles, suivant leur condition, vont à l'école primaire ou au lycée. Dans le peuple, étant donnés le travail et aussi l'ignorance des parents, l'école primaire est forcée. Dans les classes aisées le lycée est à la mode. Examinons ces deux institutions.

Toutes deux sont laïques. Les ministres d'aucun culte ne sont admis à l'école primaire. Dans les lycées, il n'y a un aumônier que s'il est demandé par les familles.

Donc, ici comme là, l'important, ce sont les leçons, les devoirs, c'est le développement de l'intelligence. C'est aussi, ne l'oublions pas, le succès de l'école elle-même, du lycée lui-même. L'intellectualisme triomphe sur toute la ligne et presque toutes les heures des jeunes filles sont employées à augmenter leur bagage scientifique.

Et l'éducation? On a un manuel, quelquefois illustré par ces exemples et des images. Les élèves suivent un cours, quelques heures par semaine. Et puis? C'est tout. Je me trompe, certaines directrices d'école ou de lycée sont de vrais modèles. Leur vie est l'illustration de leur enseignement. Elles prêchent d'exemple. Mais qui oserait affirmer que c'est le cas de toutes? Et quand ce cas ne se produit pas, l'éducation est presque nulle.

Supposons cependant la directrice parfaite. A qui fera-t-on croire qu'elle pourra beaucoup pour former des caractères? J'en appelle aux pères et aux mères. Dans une famille, chacun le sait, autant d'enfants, autant de tempéraments. La tâche est alors celle-ci : respecter l'individualité de chaque enfant, tout en détruisant en lui les mauvais germes et développant les bons. Est-il matériellement possible à une directrice, quelque merveilleusement douée qu'elle soit, d'entreprendre et de mener à bien une œuvre pareille?

De plus, l'éducation étant presque toujours réduite à l'instruction, en quoi consiste cette dernière? Evidemment, elle ne peut porter que sur quelques points très généraux. — Elle s'efforcera de réveiller et de développer l'idée de responsabilité. Soit. Mais qu'est-ce que l'idée de responsabilité sans la pratique? Un mot. Et comment passer à la pratique, sans faire sentir l'obligation, l'absolu de la loi du devoir, la réalité des sanctions, sans vie éternelle et sans Dieu? Comment créer et entretenir la vie morale sans foi religieuse? L'expérience de la morale indépendante est faite. Les jeunes filles qui entreprennent leur éducation chrétienne en venant de l'école ou du lycée sont, en général, *amorales;* tout est à faire. Pour toute richesse, elles nous apportent ce préjugé : que la préparation à la première communion est non pas un repentir, un changement de vie, mais un catéchisme à mémoriser ou des notes à rédiger. Heureux, quand elles ne nous apportent pas des préjugés anti-religieux! Toutes les institutions et tous les professeurs de lycée ne sont pas également sérieux et croyants, et plus d'un détruit au lieu d'édifier. — « Mais, dira-t-on, les écoles et les lycées, en réunissant sur les mêmes bancs des enfants appartenant à des classes sociales et à des confessions différentes, inculquent la tolérance ». J'en doute. Quand il s'agit de caractères formés, le frottement peut, j'en conviens, arrondir les angles et élargir les esprits. Mais quand il s'agit d'âmes en formation, il risque plutôt, soit d'entretenir un fanatisme aveugle, soit de diminuer la valeur des croyances et d'être une école de doute ou d'indifférence. En tous cas, je crois qu'ici on se paie de mots. La tolérance ainsi obtenue est sans fondement et précaire. Au moindre lavage, ce vernis s'évanouit. Ce n'est pas la tolérance qu'il faut inculquer, — on ne tolère que ce qui n'a pas le droit d'exister, — c'est la justice. Or, la justice, respect réciproque de personnes égales par nature et en dignité, la justice a pour fondement la certitude de l'immense valeur de l'âme humaine ; elle a pour mobile l'amour désintéressé de cette âme. C'est dire que la source de la justice se trouve dans le changement du cœur égoïste par le pardon et l'assistance de l'Esprit-Saint, dans l'Evangile, en Jésus-Christ. Hors de ce Maître et Sauveur bien-aimé nous ne pouvons pas grand chose. — Objectera-t-on que l'école et le lycée, pour être laïques, ne sont pas sans Dieu et que, par la contemplation du vrai, du bien et du beau, on peut élever l'esprit des jeunes filles vers les idées éternelles, qui peuvent unir tous les hommes, en un mot, vers l'idée de Dieu ? A cela je répondrai que je n'ai pas grande confiance en Cousin et ses disciples, quand il s'agit de provoquer l'éclosion et de favoriser le développement de la foi en Dieu. La contemplation du vrai, du bien et du beau, nous savons à quoi cela se réduit. Aussi bien s'agit-il ici, non pas d'aboutir à l'idée de Dieu, mais d'avoir foi en Dieu. Où sont les écoles et les lycées où cette foi est vivante? J'ai tout lieu de croire que, dans la plupart de ces institutions, c'est à peine si le nom de Dieu est prononcé de loin en loin.

Je le constate avec tristesse : nos jeunes filles, pour la plupart, sont instruites; elles ne sont pas éduquées. Que n'aurais-je pas à dire sur les mobiles mis en jeu dans presque toutes les écoles et presque tous les lycées? C'est surtout l'appas des récompenses, des distinctions ; c'est l'émulation, qui tant et tant de fois dégénère en orgueil et en jalousie. Quant au sentiment du devoir, il est loin d'être invoqué en première ligne.

Ajoutez enfin que si les familles et les Églises se préoccupent de donner aux jeunes filles une éducation chrétienne, des difficultés innombrables surgissent de toutes parts. Croyez-vous qu'il soit facile, même au temps de la première communion, d'obtenir deux ou trois heures par semaine? Certes non. L'instruction prend tout; elle est l'essentiel. L'éducation est l'accessoire.

Qu'elle s'arrange. Or, c'est le rapport inverse qui serait la vérité.

En définitive, une directrice a beau vouloir prendre sa tâche au sérieux, tout ce qu'elle peut faire, au point de vue de l'éducation, est bien superficiel. L'efficacité de son enseignement est forcément presque nulle. Il suffit, pour s'en convaincre, d'examiner les générations qui l'ont reçu et qui le reçoivent sous nos yeux. Ce ne sont pas elles qui me rassurent pour l'avenir. Il faudrait que l'éducation morale et religieuse, la préparation aux fonctions et au rôle d'épouse et de mère chrétienne fût, pour la jeune fille, l'essentiel, et que l'instruction elle-même fût organisée en vue de ce noble but.

Et voilà pourquoi, en fait d'écoles primaires, je regrette nos écoles confessionnelles. Les catholiques ne les ont pas abandonnées; ils savaient ce qu'ils faisaient. Pour nous, protestants, nous avons fait fausse route. En abandonnant nos écoles, pour nous rallier entièrement au principe de la laïcité, nous avons supprimé l'éducation morale et religieuse pour les jeunes filles de notre peuple. Cette éducation n'est possible et réelle que dans les écoles, où les pasteurs et la Bible ont leurs entrées et où l'instruction est sous leur influence. Et qu'on ne vienne pas dire que nous ferions de nos jeunes filles des sectaires. L'esprit de l'Evangile et de la Réforme n'est-il pas l'esprit même de la justice et de la liberté? Toute la question est de savoir comment il faut s'y prendre pour assurer le triomphe de cet esprit. Les uns sont pour la méthode d'éparpillement. Ils pensent que ceux qui possèdent cet esprit doivent s'éparpiller dans tous les journaux et dans toutes les écoles. Je suis pour la méthode de concentration. J'estime qu'ils doivent avoir un organe, — *Le Signal* — et des écoles à 'eux. Ah ! si nos églises comprenaient leur devoir ! A côté de chaque temple, il y aurait l'école chrétienne et protestante, et on verrait vite des générations de jeunes filles, d'épouses et de mères, supérieures à la génération présente.

Quant aux lycées, pour toutes les raisons précédemment énumérées, et pour bien d'autres encore, je m'en défie. Ce sont des agglomérations quelquefois considérables de jeunes filles très souvent insuffisamment surveillées. Or, chacun sait que plus les agglomérations sont considérables et plus le mal s'y développe rapidement et avec intensité. Voyez les grandes villes. Aussi dirai-je aux parents aisés ou riches : « Usez sobrement du lycée pour vos filles; usez-en même le moins possible. Le plus que faire se peut, gardez vos filles chez vous. Faites-les instruire sous vos yeux. Donnez-vous la joie — je ne dis pas la peine — de former vous-mêmes leur volonté, leur cœur, leur conscience. Préparez-les vous-mêmes à leur modeste, mais glorieuse destinée d'épouses et de mères chrétiennes. »

Je viens d'exposer mes scrupules de père et de pasteur à propos des pensionnats, des écoles et des lycées. Je l'ai fait sans parti-pris. Peut-être me suis-je trompé. Qu'on me le montre et je serai heureux de le reconnaître. Mais ce que, je l'espère, nul ne me contestera, c'est que le christianisme est à la fois individuel et social; c'est que ces deux aspects du christianisme sont aussi inséparables que les deux faces d'une médaille; c'est donc qu'en notre qualité de chrétiens, nous devons conduire nos jeunes filles aux pieds de Jésus-Christ et travailler à leur salut personnel, et, à cet effet, les mettre en état de contribuer elles-mêmes au salut de la famille, de la patrie et de l'humanité. Or, en se plaçant à ce point de vue, ne croyez-vous

pas que les critiques que j'adresse aux pensionnats, écoles et lycées ont quelque fondement?
ne croyez-vous pas que mes *desiderata* mérite-
raient d'être pris en considération?

L. TRIAL.

LES LYCÉES DE JEUNES FILLES

DEPUIS une quinzaine d'années environ, l'enseignement public, pour les jeunes filles, a été, en France, réorganisé et complété. Les écoles secondaires que possédaient depuis longtemps la Suisse, l'Allemagne et d'autres pays, se sont ouvertes chez nous sous le nom de Lycées. Et le succès, malgré des pronostics fâcheux, a été réel, et plus rapide qu'on n'aurait osé l'espérer.

Bien des malentendus subsistent à ce sujet cependant. Quelques esprits, parmi les plus sérieux, gardent toujours une inquiétude : « Que faut-il attendre de l'École au point de vue de la vie morale de l'enfant? à quoi s'engage-t-elle? où se limitent ses responsabilités? » Et cette question demeure l'une des plus discutées et des plus troublantes, parce qu'elle est pour beaucoup, nous semble-t-il, l'une des plus vagues et des plus mal posées.

Une observation essentielle est nécessaire au début. L'École secondaire non confessionnelle créée par l'Etat, ne se charge pas seule de l'éducation des jeunes filles. Son régime est l'externat (1); son principe la *collaboration avec la famille.* — Ce point bien établi, comment l'Ecole contribue-t-elle à la formation morale de l'enfant?

En lui donnant d'abord une discipline. Dans la famille, dans notre famille actuelle surtout, l'enfant devient bien vite un centre, même lorsqu'il est très sérieusement élevé. Sa santé, son travail, ses joies et ses peines sont l'objet des préoccupations de ceux qui l'aiment, et prennent tout naturellement, à ses propres yeux, une grande importance. Et quand, pour suffire aux besoins de l'éducation privée, il reçoit chez lui des leçons de maîtres qui se dérangent à sa seule intention, sa petite personne lui paraît très précieuse : d'où danger d'égoïsme, de caprice et de vanité.

(1) Les internats qui existent dans certains lycées ne dépendent pas de l'Etat. Ils sont créés par les municipalités et organisées par elles.

A l'École, les choses se remettent au point. Le petit personnage au logis paternel se retrouve simple soldat dans l'armée des ignorants de bonne volonté. Au-dessus de lui se trouve le maître, ou plutôt mieux encore, la règle, le devoir auquel il le sait, il le sent, le maître obéit comme il le doit lui-même. Dans la grande ruche active et laborieuse, chaque élève a sa petite place, son œuvre à faire. Il y a dans ce sentiment même une dignité. Tout petit déjà, l'écolier se sait responsable : les caprices cessent et l'on apprend à faire effort : effort pour être exact malgré de petits malaises, pour braver le froid ou la pluie, pour se dominer, pour obéir. Une petite personne morale, libre et responsable est déjà née.

La maison paternelle n'est qu'une maison dans le vaste monde; il peut arriver même que ses fenêtres n'ouvrent que d'un seul côté. L'école est plus large, plus ouverte — et ses habitants ont beaucoup voyagé.

Si instruits que soient les parents, bien privilégiés sont ceux qui ont la vocation et le loisir de donner à leurs enfants tous les enseignements qui leur sont nécessaires : ils doivent le plus souvent avoir recours à l'aide des autres.

Voilà pourquoi les nouvelles écoles se sont ouvertes. Qu'il soit question d'histoire ou de géographie, de sciences ou même de travaux à l'aiguille, la petite élève de Lycée se rend compte que son professeur spécial a consacré des années de sa vie à acquérir ce qu'il lui donne, que du vaste champ à parcourir il ne fait entrevoir chaque fois qu'une petite, très petite partie. Les bibliothèques, les collections, tout le bagage d'une instruction sérieuse, ajoutent à cette impression.

Et du coup la petite élève devient modeste : plus le champ de la vision s'étend, plus l'individu paraît petit à ses propres yeux. C'est ainsi que tout danger de pédantisme disparaît.

Mais ici se rencontre une grosse objection. La jeune fille n'est pas seule sous la direction de maîtresses instruites et expérimentées : elle travaille avec d'autres : il y a forcément comparaison, émulation, rivalité. De là l'esprit de jalousie peut-être, et très certainement dit-on, l'ambition, l'amour du premier rang, la vanité; à moins que ce ne soit le découragement, l'apathie, l'indifférence.

Le danger peut exister : l'Université le connaît et réagit. La note substituée au rang, les prix donnés sans aucun apparat dans les Lycées de jeunes filles de Paris, le compte de plus en plus grand qui est tenu de l'effort et du travail, indiquent le sens où l'on désire aller. Peut-être aussi n'est-il pas mauvais de savoir de bonne heure reconnaître une supériorité ou de se rendre compte de façon tangible d'un progrès accompli. Ce qui surexcite l'amour-propre, ce qui éveille l'ambition, c'est l'importance exagérée que donne la famille au succès. Le résultat y a été attendu, escompté, avec fièvre peut-être; trop souvent il se cote, en chiffre bien rond, en pièces bien monnayées. A la pure satisfaction du devoir accompli se substitue le paiement d'une dette; une bonne place devient une bonne affaire. Pour bien élever l'enfant, là encore, l'école et la famille devraient collaborer.

Former l'intelligence, c'est bien; ouvrir le cœur c'est mieux encore, et c'est là ce que fait avant tout l'éducation commune. Elle crée l'esprit de solidarité. La bonne camaraderie de l'École, le travail et les jeux en commun, les mêmes intérêts, les mêmes émotions à l'éveil des hautes idées purificatrices, élèvent l'esprit bien au-dessus des petits préjugés et des différences sociales mesquines. Comme autrefois au

vieux patriarche, il est dit à chaque enfant :
« Sors de ton pays et de ta parenté » — et sois
utile à *tous* les hommes.

Ici les craintes s'éveillent et les mères s'effa-
rouchent : « Des jeunes filles, y pensez-vous!
Et le mélange des classes! et la contagion
morale possible! » Il y a dans ces frayeurs une
part, avouons-le, qui n'est digne ni de démo-
crates, ni surtout de chrétiens, mais elles ont
quelque chose de bien respectable aussi. Oui,
l'Ecole est un petit monde, notre monde, hélas!
où le mal existe, où la tentation peut se présenter, mais le mal y reçoit d'ordinaire sa
sanction et le bien sa récompense. L'élève sait,
en tous cas, très nettement, de quel côté sera
donné le mauvais conseil et peut le plus souvent
s'en préserver. — En dehors de l'Ecole, le mal
ne se rencontre-t-il pas d'ailleurs? Les domestiques souvent, la rue, les paroles imprudentes
et légères, sans parler de son propre cœur, ne
le révèlent-ils pas à la jeune fille? Et puisqu'elle
doit le trouver dans le monde faut-il le lui
cacher ou la préparer à le vaincre? « Je ne te
demande pas de les ôter du monde, disait Jésus,
mais de les préserver du mal ». Et ce n'est pas
un des moindres bienfaits de l'éducation com-

mune que celui de contribuer à nous apprendre à vouloir le bien par choix, à nous détourner du mal par volonté. Alors seulement on est armé pour la vie.

La vie commune montre parfois le mal ; elle fait connaître la souffrance aussi. Elle éveille la sympathie humaine, la divine pitié. Ils sont fréquents, dans la maison d'école, les événements qui obligent à penser aux autres : une maladie, un deuil, une inquiétude grave, une grande joie dont beaucoup prennent leur part.

Il y a les intérêts communs aussi : la plupart des lycées ont leurs protégés, de petits pauvres, pour lesquels sont préparés les chauds vêtements de Noël, pour lesquels s'allume l'arbre joyeux. — Et parfois d'une école à l'autre, de l'école pauvre à l'école riche, des relations s'établissent, et l'on peut rêver du moment heureux, où la vraie fraternité sera mieux comprise, parce qu'on l'aura apprise, toute petite, sur les bancs de l'école.

Ainsi, pour le développement de la vie morale, l'éducation commune peut prêter à la famille une aide précieuse. Mais elle ne veut, ni ne peut suffire. « Il faut donner à l'enfant, a dit J.-P. Richter, un cœur avec un sanctuaire. »

Ce sanctuaire, l'école de l'État le suppose toujours : non par mépris, mais par respect, elle n'y célèbre pas le sacrifice. C'est à la famille, c'est à l'Église qu'il appartient d'entrer dans le lieu saint et d'y tout disposer de telle sorte qu'il soit consacré, pour toujours, à l'adoration et à la prière. Certes, tout, dans ces heures d'école employées à la recherche du vrai, dans cette vie qui fait saisir plus nettement le devoir et la fraternité, tout peut disposer à la rencontre de Dieu. Le commerce de notre littérature du XVIIe siècle si imprégnée de christianisme, celui des grandes âmes de tous les temps, comme l'étude de nous-mêmes ou la contemplation de la nature, ramènent à Lui. Mais quand il s'agit du culte à lui rendre, pleine liberté est laissée à chaque conscience. C'est un pasteur ou un prêtre qui donne, sur le désir des parents, l'enseignement religieux. Cette réserve, quand on y sent l'expression du respect de l'âme, est plus religieuse, nous semble-t-il, qu'un formalisme de commande, mais elle laisse à la famille beaucoup de devoirs et une très nette responsabilité.

Celles qui apportent à l'école ce cœur consacré, s'y préparent vraiment aux tâches futures :

tout ce qu'elles acquièrent, instruction, talents, activité, ressources d'esprit plus grandes, sont des forces pour l'avenir. Si le bonheur de fonder une famille leur est accordé, cette famille ne sera pas égoïste : les enfants y seront formés à être de bons serviteurs de la justice et de la charité; ceux qui souffrent n'y seront jamais étrangers. Si la jeune fille demeure seule, elle est prête encore. Une œuvre l'attend certainement, elle s'est rendue capable de la remplir. Le moment venu, elle pourra dire : Me voici, envoie-moi là où je dois aller (1).

Mlle L. B. B.

(1) Cet article, dû à la plume d'une universitaire de grande valeur, contredit nettement celui de M. Trial. Nous sommes heureux d'avoir provoqué une sorte de débat contradictoire sur cette grosse question des écoles de filles, et nous espérons qu'il fera réfléchir nos lecteurs : à chacun d'apprécier et de conclure.

E. G.

LES

LECTURES DES JEUNES FILLES

CE livre traite des ennemis de la jeunesse ; il est dédié aux jeunes filles, et l'un de ses chapitres s'appelle : *Les lectures.* Eh ! quoi, la lecture est-elle devenue une ennemie ; devrions-nous renoncer à *cette conversation avec les plus honnêtes gens* pour parler avec un grand homme, à cette agréable récréation, à ce moyen facile de nous instruire ? Non certes, mais jamais il ne fut plus nécessaire de bien choisir ses lectures.

Beaucoup de jeunes filles ont conservé l'habitude charmante de demander à leurs parents quels livres elles peuvent lire. Quelques-unes de leurs compagnes, plus affranchies de préjugés à ce qu'elles croyent, raillent un usage aussi...

patriarcal (comme si on lisait beaucoup du temps des patriarches!) Elles ne savent pas tout ce qu'elles perdent, les jeunes filles qui se laissent aller, entraînées peut-être par une amie très *comme il faut,* à faire en cachette de ces lectures malsaines que leurs mères réprouvent. Le livre qu'on a vu chez Madame une telle, dont le jeune Monsieur un tel a parlé avec éloge, voire avec enthousiasme, dont tel journal contenait un compte-rendu honnête en apparence, on se l'est fait prêter, à la dérobée peut-être, parce que l'avis maternel, on le sait, ne coïncide pas toujours avec l'avis de tout le monde. « C'est un petit défraîchissement », disait à propos d'une de ses amies une jeune fille de notre connaissance; c'en est peut-être un grand. Ah! si dans certaines occasions la jeunesse savait se mettre en grève, quel arrêt dans le commerce et la production des substances vénéneuses! Le talent s'exerce sur tous les sujets; le domaine du génie est universel; à toute époque il y a des œuvres grandes et saines. Choisissez celles-là, si votre choix ne dépend que de vous; laissez-les choisir par ceux qui veillent sur vos âmes, si vous avez le bonheur d'en être encore là. Pour nous,

nous félicitons les privilégiées qui ne dépendent pas entièrement d'elles-mêmes, celles dont le cœur, comme l'imagination, reste placé sous une tutelle aimante et éclairée.

Mais cette tutelle est provisoire, l'heure approche où ces jeunes filles aussi devront choisir elles-mêmes leurs lectures.

D'ailleurs ces heureuses enfants forment une minorité. Les exigences de l'étude ou du travail manuel, l'école ou l'atelier appellent de bonne heure loin du foyer bon nombre d'adolescentes, au moins pour une partie du jour. Même si elles le souhaitaient, elles ne pourraient consulter à tout instant leurs mères.

⁎

Une fois pour toutes, et de bonne foi, soyons de notre temps; ouvrons les yeux sur les faits sans arrière-pensée. Nous ne pouvons empêcher que nos jeunes contemporaines aient entendu, vu et lu beaucoup de choses que leurs grands-mères ignoraient à leur âge. Si cela est fâcheux à certains égards, cela peut, à d'autres, avoir ses avantages. Les jeunes filles *bien élevées*, comme on dit, ne gagnent pas nécessairement à ignorer trop longtemps ce que les jeunes filles d'une condition plus modeste apprennent trop tôt. Il nous semble désirable, en particulier, qu'une jeune fille bien tendrement et chaudement gardée dans sa famille, comprenne à quelles tentations telle de ses compagnes, même plus jeune qu'elle, peut être exposée.

Chaque époque a ses fléaux. L'Ecclésiaste dit excellemment : *Ne sois point, dans ton âme, prompt à t'indigner, car l'indignation se dépose dans le sein de l'insensé. Ne dis pas : Pourquoi les jours d'autrefois étaient-ils meilleurs que ceux-ci? Car ce n'est pas la sagesse qui te dicterait cette question.* Aussi nous gardons-nous bien de faire à notre siècle son procès. Il n'est, à tout prendre, ni meilleur, ni pire qu'un autre. Dans certains domaines il y a progrès, dans d'autres on constate un recul. Dieu conduit l'humanité à ses destinées, et il veut nous y employer, en sorte que le mouvement en avant existe toujours, même peu apparent. Mais ce progrès marche comme autrefois les pèlerins de Jérusalem : après deux pas en avant, on fait un pas en arrière. Rien ne sert de se payer de chimères : de nos jours règnent deux fléaux terribles : l'alcoolisme, qui dégrade le corps, et les lectures pernicieuses, qui dégradent l'âme. Si dans le domaine de la pureté des mœurs, de la vie et du cœur, il semble que nous fassions actuellement un pas en arrière, nous l'attribuons en grande partie à la mauvaise presse.

Tout a été dit, sur ce point, mieux que nous ne pouvons le faire. Ce sont là des lieux communs, mais dans les lieux communs est la sagesse. L'espace forcément restreint qui nous est assigné nous oblige à ne faire qu'effleurer le sujet, et à n'exprimer qu'un petit nombre des pensées qui se pressent, un peu tumultueuses, sous notre plume, quand nous envisageons, attristés et indignés, les ravages causés par la littérature immorale. Il n'y a de nouveau ici que vous qui lirez ces lignes, vous qui avez passé de l'enfance à la jeunesse sans soupçonner probablement l'abîme que vous côtoyez. Mais ceux qui vous aiment le connaissent pour y avoir vu sombrer plus d'une pauvre jeune âme. Croyez-en l'ardent intérêt que nous vous portons. Croyez-en l'expérience de vos aînés dans la vie; le danger est partout, prenez-y garde!

Oh! qu'on voudrait avoir une voix éloquente,

une plume acérée, le don de la persuasion et le charme du style, pour faire passer sa conviction toute chaude dans les jeunes esprits !

Partout, au coin des rues, dans les kiosques des marchands de journaux, à la vitrine des libraires, et jusque dans la bibliothèque de vos amis vous guettent les imprimés pervers, images, livres, revues ou prospectus. On va jusqu'à en déposer à votre adresse dans la boîte aux lettres de votre domicile. Cela est si vrai que parfois, en rentrant chez soi, péniblement affecté par de désolantes constatations, on éprouve comme un vague besoin de se désinfecter. Montez dans un train de banlieue, le matin, de très bonne heure : voilà de gentilles ouvrières, modestes et dignes, d'autres extravagantes et effrontées. Les unes et les autres profitent d'un moment de liberté pour lire. L'une tient le journal à un sou acheté la veille par son père; l'autre un *Supplément illustré* abandonné par un voyageur; une troisième un spécimen de feuilleton détestable distribué gratuitement sur les boulevards. Du train de chemin de fer vous passez dans un omnibus, où votre voisin déploie un journal au titre déplaisant. Et ce qui est vrai de Paris et d'au-

tres grandes villes l'est aussi des petites loca-
lités, nous en avons été témoin.

Ce n'est pas tout. Dans les meilleures revues,
celles mêmes dont les directeurs portent des
noms justement respectés, vous lisez un article
historique ou littéraire, instructif, intéressant,
propre à élever le niveau moyen de vos préoccupations. Tournez la page et vous tombez, bien
à regret, sur quelque passage honteux d'un
roman *actuel*. Il faut, aujourd'hui, faire effort
pour se préserver des lectures fâcheuses, car
une des plus grandes forces qui soit pour
propager le bien est devenue une des plus
actives à propager le mal.

Nous le savons très bien, il ne suffit pas
d'un premier petit verre, fût-il suivi d'un
second, pour intoxiquer un buveur. Mais à
la longue le poison pris à petites doses répétées
s'infiltre partout dans l'organisme ; sans avoir
jamais été ivre, on est devenu alcoolique.
Ainsi agit la mauvaise littérature, principalement sur la jeunesse. On n'est pas, tel jour, à
telle heure, poussé à commettre une mauvaise
action, parce qu'on a lu telle page d'un roman-
cier malfaisant. Mais si, au lieu de jeter loin
de soi le livre corrupteur, on persiste à en

tourner fiévreusement les pages; si l'on prend l'habitude de ce genre de consommation, où l'esprit reste absolument passif, la volonté, entamée par les premières défaillances, s'affaiblit graduellement, et une série de défaites partielles risque de l'amener à une ruine totale. Les opinions perdent leur netteté, les principes moraux leur rigueur; la conscience cesse d'être intransigeante, et l'on peut finir par une chute profonde en face d'une tentation qu'il eût été facile de surmonter naguère. Que de naufrages dont nous pourrions raconter la lamentable histoire, si nous en avions ici le loisir! Aucun observateur sérieux ne peut nier que parmi les agents les plus actifs de la démoralisation contemporaine, il faille citer le roman et le théâtre. Le mal remonte loin; les temps sont même si durs que l'hypocrisie a fait place au cynisme, qui vient un degré plus bas. Malgré eux les adolescents ont vu beaucoup de choses qu'on aurait préféré leur cacher. Si les parents chrétiens tremblent pour l'avenir de leurs enfants, c'est qu'ils savent la puissance des influences destructives de la volonté. Nous sommes donc en présence d'un danger, mais tous ne veulent pas y croire.

Quand on cherche à prémunir la jeunesse contre les mauvais livres, on se heurte à cette objection : « Qu'est-ce qu'un mauvais livre? Les livres ne sont ni bons ni mauvais, ils sont ce que le lecteur les fait. »

Sans doute tel lecteur peut supporter ce qu'un autre ne supporterait pas. Sans doute aussi, les devoirs diffèrent. Telle femme, par sa profession, est obligée de lire des ouvrages qu'elle aimerait autant laisser de côté. Un livre inoffensif pour vous fera du mal à d'autres qui ne trouvent pas de correctif dans leur entourage habituel. Impossible d'énumérer ici tous les cas; bornons-nous à signaler le sophisme.

Les œuvres littéraires étant des œuvres d'art, on invoque les principes de l'esthétique; on répète sur tous les tons que l'art n'est ni moral, ni immoral. Et qui songe à le contester? L'art est l'art; la morale est la morale. La nature non plus n'est ni morale ni immorale, elle est la nature; les mathématiques et les autres sciences ne sont ni morales ni immorales, elles sont sciences. C'est l'artiste qui est

moral ou immoral, et c'est aussi le lecteur.
« Milton, a dit Sainte-Beuve, est chaste et pur,
parce qu'il veut l'être. » Et c'est parce qu'ils ne
veulent pas l'être que d'autres écrivains ne sont
ni chastes ni purs.

Prenons une ou deux comparaisons fami-
lières. Un musée de peinture n'est en lui-même
ni un sanatorium ni un réceptacle de microbes.
Mais s'il m'est prouvé qu'un musée connu a
été infecté par une cause accidentelle et qu'on
risque d'y contracter la diphtérie ou le typhus,
je n'irai pas le visiter, quelle que soit la valeur
artistique des tableaux exposés. .

Une récente statistique a montré que les
maladies infectieuses ont parfois pour véhicules
des livres qui ont passé par beaucoup de
mains. Frappé de ce fait, on a pris l'habitude,
dans quelques hôpitaux anglais, de brûler régulièrement les volumes ayant servi aux malades.
Dira-t-on que, pour cela, on en conteste la
valeur littéraire? Non pas, on se prémunit
simplement contre une contagion possible; ici
le danger n'a absolument rien à faire avec
aucune conception artistique quelconque.

Or il est des livres des plus médiocres, et il
est aussi des livres écrits d'un style merveil-

leux, composés avec un art consommé, qui s'en vont propageant dans les jeunes âmes des microbes plus nocifs que ceux de la diphtérie et du typhus. Ils sont d'autant plus dangereux qu'ils séduisent par une forme enchanteresse; les dons artistiques de l'auteur sont une circonstance aggravante. Le talent, le génie, qui songe à les nier? Mais nous avouons hautement, dût-on nous traiter de naïfs, d'ignorants et de barbares, que si le beau et le bien se trouvaient par malheur en contradiction, c'est le beau que nous croirions devoir sacrifier sans miséricorde.

Cela dit, nous demandons : « Est-il vrai, oui ou non, que vous avez mauvaise conscience quand vous vous attardez à lire un récit scandaleux, ou que vous assistez à un spectacle équivoque? Est-il vrai, oui ou non, que vous vivez avec des héros de roman aussi bien qu'avec des êtres de chair et d'os? En voulez-vous la preuve? Il vous est arrivé, certainement, de verser toutes les larmes de vos yeux sur les malheurs d'un personnage imaginaire, tandis qu'un pauvre qui souffrait du froid, un blessé qu'il eût fallu panser, un enfant réclamant un léger service vous laissaient parfaitement indifférents, que dis-je, vous impatientaient, parce qu'ils vous arrachaient aux émotions quelque peu maladives, dans lesquelles vous vous complaisiez. Tandis qu'on proclame si haut l'influence du milieu matériel par une étrange aberration on enseigne l'indifférence du milieu moral. On parle d'évolution et l'on ne se préoccupe pas de diriger l'évolution des âmes dans un sens favorable en leur créant un milieu salutaire. Oui, il y a de mauvais et de très mauvais livres. Tout livre est mauvais qui souffle la haine, entretient l'égoïsme, enseigne le mensonge, nourrit la vanité ou rend incrédule. Tout livre est mauvais qui laisse dans la mémoire, comme un cliché indélébile, une souillure, si petite soit-elle. Tout livre est mauvais qui nous éloigne de Dieu et nous fait oublier Jésus-Christ.

Dis-moi qui tu hantes, disait un bon vieux proverbe, et je te dirai qui tu es; nous pouvons ajouter : Dis-moi qui tu lis et je te dirai qui tu hantes.

Ah! sans doute, on peut fréquenter des malandrins et des criminels, des péagers et des pécheurs sans en souffrir. Mais que ce soit pour les améliorer, jamais pour s'amuser avec eux. Un livre est une compagnie; si donc il y a de mauvaises compagnies, il y a de mauvais livres. La grossièreté, l'indécence, la frivolité, tout ce qui frise la malpropreté morale est délétère. Ce qu'il y aurait de pis serait de n'y plus être sensible, d'être vacciné de telle sorte qu'on pût supporter sans incommodité de fortes doses de virus.

Il est un autre sophisme que nous avons entendu répéter maintes fois ! « Il faut, dit-on, connaître le mal pour être en état de le combattre. Pour mettre les autres en garde contre les mauvais livres, il faut en avoir lu soi-même. »

Oui, pour combattre un fléau, il faut croire à son existence, et les ravages qu'on a constatés font comprendre la nécessité des mesures de préservation. Mais il n'est pas exact qu'il soit bon d'avoir eu la peste pour prémunir son prochain contre cette maladie. Faut-il, pour se défendre contre un voleur, avoir fait intime connaissance avec lui? Non pas, mais barricader sa porte. Pour éviter d'être empoisonné, se mettra-t-on à essayer tous les poisons connus? Non, l'étiquette rouge du pharmacien suffit pour vous empêcher d'absorber le contenu d'une fiole suspecte. Un médecin n'est pas plus capable de guérir des asphyxiés, des empoisonnés ou des paralytiques, parce qu'il a respiré de l'air impur, bu de l'eau croupie ou perdu la mobilité de ses articulations. S'il faut être averti du danger pour le fuir, il n'est pas nécessaire d'avoir enfoncé dans la boue, ne fût-ce que jusqu'à la cheville, pour empêcher les autres de s'y enliser complètement.

Savoir que le mal existe! mais qui n'en est là? L'ignora-t-on toutefois, la connaissance qui se glisse dans la place par les livres divertissants, les spectacles, les amusements, sous le couvert de quelque description alléchante, à la faveur de je ne sais quel brouillard attrayant qui efface les contours du bien, n'est pas une connaissance sûre, complète ni recommandable. Pas n'est besoin d'aller au café-concert écouter des chansons plus ou moins risquées, pour savoir que la légèreté et la curiosité fâcheuse mènent aux pires conséquences. Pour connaître du mal ce qu'il est nécessaire d'en connaître, afin de le fuir et de le combattre, lisez plutôt, le moment venu, des études sérieuses, des statistiques souverainement éloquentes dans leur sécheresse, et lisez aussi l'histoire du bien. Quand nous connaîtrons tout ce qui est bon, vrai et beau, il sera temps de nous enquérir de tout ce qui est laid, mauvais et faux.

Beaucoup de romans et de drames sont très loin de représenter la réalité moyenne; nous en comparerions volontiers l'ensemble au Musée Dupuytren, avec ses collections de monstres. Les professeurs de gymnastique doivent étudier l'anatomie normale plutôt que les déformations du corps humain; de même ceux qui veulent exercer les âmes au bien devraient étudier l'âme saine plutôt que l'âme malade.

* * *

Souvent nous avons été saisis d'un étonnement douloureux, et aux plaintes désolées de l'Ecclésiaste nous aurions voulu en ajouter une : « Il y a une chose fâcheuse sous le soleil, c'est que les jeunes qui font le bien n'osent pas en avoir l'air et auraient honte de le dire. » Ils semblent prendre le contre-pied du précepte de saint Paul et s'abstiennent soigneusement de toute apparence de bien. Exigeants envers eux-mêmes, ils n'aiment pas assez leur prochain pour exiger de lui ce qu'ils exigent d'eux. Que les moqueurs se moquent, c'est leur métier; mais nous, n'ayons pas honte de bien faire, n'ayons pas même honte d'en avoir l'air. Si nous voulons le bien, sachons le dire. Si nous avons l'intention arrêtée de ne pas lire le livre qu'on nous offre, ayons le courage d'en convenir.

La pureté de la vie extérieure ne suffit pas, Dieu nous appelle aussi à la pureté des pensées. Or rien ne nuit plus a cette pureté que la lecture de publications où elle n'est pas respectée. Ici, point de faux-fuyant, point de compromis. L'habitude d'éviter les distractions malsaines devient un précieux secours. On y gagne en particulier un dégoût insurmontable pour tout ce qui est laid, à quelque âge qu'on soit parvenu.

Quand saint Augustin se convertit, il abandonna les mauvaises lectures qui avaient dépravé sa jeunesse.

Nous nous garderons bien de donner ici les titres des livres ou des journaux qu'il faut éviter de lire. Nous disons seulement d'une manière générale aux jeunes filles : Fuyez toute lecture, fuyez tout spectacle, fuyez toute conversation qui porterait atteinte à cette sainte pureté dont Dieu vous a faites la personnification sur la terre. Gardiennes nées de ce trésor, mettez toute votre jeune ambition à le conserver et à l'accroître. Vestales du feu sacré, ne rompez jamais vos vœux. Une femme, eût-elle 80 ans, ne doit pas tout lire : elle aura toujours avantage à conserver l'honneur de ses pensées. Faites-vous donc, non pas une face de marbre, dure et froide, mais une face de diamant, car le diamant ne boit pas la fange, il ne boit que la lumière et la reflète dans toutes les directions.

Un homme de grand talent et de grand cœur, un de ceux qui se sont le plus courageusement jetés dans la mêlée ardente pour revendiquer en faveur de notre génération la pureté des mœurs, interrogé sur un des charmeurs contemporains les plus en vogue, séducteur brillant qui ravit par la magie de son style l'élite de notre société cultivée, répondit : « Je ne sais pas ; je ne lis jamais *ces livres-là.* » Cet homme est un homme fort, car le secret de la force est quelquefois dans une héroïque abstention. Aux grands maux les grands remèdes. S'il arrive, comme le dit l'Apocalypse, que l'injuste devienne plus injuste, celui qui est souillé plus souillé encore et que la méchanceté du méchant augmente; alors, que le juste devienne aussi plus juste; le bon, meilleur; et que celui qui veut agir sur ses alentours dans le sens de la pureté, conserve à ses yeux, à sa pensée, à sa mémoire une pureté exceptionnelle. Pour corriger les ivrognes et les alcooliques, des gens qui n'ont jamais bu plus qu'il ne fallait ont signé des engagements de tempérance. Puisque l'influence de certaine presse — et nous laissons de côté la plus éhontée — peut être assimilée à celle de l'alcool, l'abstinence totale ne serait-elle pas indiquée là aussi !

L'ignorance n'est pas l'innocence, mais certaines ignorances volontaires créent une grande puissance.

Si Jésus-Christ a dit en parlant des siens : *Je me sanctifie pour eux,* les chrétiens ne peuvent-ils, ne doivent-ils pas, humblement, dans le sens le plus large, le plus actif, le plus vivant, se sanctifier pour le monde?

De nos jours les vieillards ont peu de crédit et les gens mûrs sont facilement taxés de sénilité. C'est aux jeunes qu'est l'influence : aux jeunes d'en profiter dans le sens que nous venons d'indiquer. Ce n'est pas le moyen d'être à la mode, mais combien peu cela importe ! Oh ! restez jeunes ; rien ne vieillit irrémédiablement avant le temps comme l'expérience prématurée du mal. Rien ne semble usé comme la jeunesse, quand il n'y a plus pour elle rien à respecter. C'est à la jeunesse de réagir contre la marée montante de la corruption, et tout particulièrement à la jeunesse féminine. On parle beaucoup aujourd'hui de féminisme ; que ce soit là le vôtre !

Votre influence est immense. Vous l'exercerez non en prenant un ton prêcheur ou en affectant une austérité ridicule, mais en étant toutes pénétrées de ce parfum de grand prix, qui porte dans le langage apostolique ce nom admirable : *La pureté incorruptible d'un esprit doux et paisible.*

Si vous saviez combien vous pouvez être utiles sans rien faire de particulier, tout simplement en étant vous-mêmes. En peignant la gracieuse figure de Déruchette, dans les *Travailleurs de la mer*, Victor Hugo dit ce mot si vrai : « Il y a peu de fonctions aussi importantes que celle-ci : être charmante. » Et il y a peu d'œuvres aussi importantes que celle-ci : représenter la pureté. Cette fonction, vous

vous en acquittez non seulement à votre propre bénéfice, mais au bénéfice de toutes les jeunes filles, vos sœurs, vos compagnes, plus ou moins instruites, plus ou moins haut placées dans la société. Vous vous en acquittez aussi au bénéfice de vos frères, des frères de vos amies, des amis de vos frères. Une jeune fille simple et pieuse a ce bonheur qu'elle exerce aussi un ministère de bonne grâce. Aujourd'hui on rencontre des gens qui ne croient plus au jeune homme tel qu'il doit être; pour qu'on se remette à y croire, il faut qu'il y ait beaucoup de jeunes filles telles qu'elles doivent être, préparées à devenir des femmes fortes, pour élever des hommes forts.

Si aucun de nous ne vit pour soi-même, on peut dire aussi : aucun de nous ne *lit* pour soi-même. S'il est vrai que nous agissons sur notre société par ce que nous sommes plus encore que par ce que nous faisons, il est vrai aussi que ce que nous sommes dépend en partie ce que nous lisons. Charité bien ordonnée commence par soi-même, enseigne le dicton vulgaire, mais combien vrai, combien profond, combien applicable au sujet spécial qui nous occupe en cet instant! Si tu veux purifier, sois pur toi-même; maintiens-toi pur par amour; l'œil resté sain est celui qui perçoit la lumière, et c'est l'œil sain dont le regard bienfaisant pénètre dans les cœurs. La morale d'abstention ne suffit pas; éviter de nuire, c'est déjà beaucoup; mais prévenir les maux, soulager et guérir, c'est mieux. Dans le choix de vos lectures ne songez pas seulement à vous. Toutes, riches ou pauvres, ignorantes ou instruites, n'oubliez pas que quelqu'un vous imitera. Si un livre peu recommandable, qui, après tout, vous fera peu de mal à vous-même, traîne sur votre table, la petite femme de chambre, la jeune apprentie, peut-être même l'élève de votre groupe à l'Ecole du Dimanche pourra l'ouvrir furtivement. Pour une satisfaction bien médiocre de curiosité, ou même pour une jouissance littéraire, vous ne voudriez pas avoir semé dans une âme neuve un germe pernicieux?

Ayez beaucoup de sympathie pour tous ceux qui, jeunes gens ou jeunes filles, luttent contre des habitudes néfastes en s'abstenant de mauvaises lectures; mais ayez beaucoup de pitié pour ceux qui, moins bien placés, ont été soumis à des influences envahissantes et ont fini par y succomber. Jésus-Christ, ne l'oublions jamais, peut rendre à toute âme sa pureté première.

*
* *

Mais, direz-vous, vous nous dites bien ce qu'il ne faut pas lire ; nous voudrions savoir aussi ce que nous devons lire.

Ce que vous pouvez lire ? Mais tout. Donnez à votre esprit, qui la réclame, une pâture saine et abondante ; ne laissez de côté rien de ce qui est bon, honnête, intéressant et agréable. Lisez des ouvrages édifiants, sérieux et instructifs, sans doute ; faites si possible, quel que soit votre genre de vie, quelque lecture d'étude. Mais la distraction et le repos ont aussi leur place dans la vie. Lisez de bons romans, il n'en manque pas ; des pièces de théâtre honnêtes, il en existe ; écrémez toutes les littératures, sans en excepter la contemporaine, prose et vers, originaux et traductions ; il y a de tout, et pour tout le monde. Si quelque personne bien intentionnée vous offre quelque livre ennuyeux ou suranné, ne vous croyez nullement condamnées à le lire ; vous avez le droit, comme les autres, de lire pour votre plaisir.

A l'appui de ce que nous avons essayé de dire, nous aurions pu citer des maîtres : Gratry, Perreyve, Jules Simon, Naville, Secrétan, et mainte page aussi, désolante ou encourageante, perdue dans des ouvrages sans éclat qu'un peu de talent eût sauvés de l'oubli. Nous aurions pu mentionner aussi le grand ancien à qui l'on attribue cette parole magistrale : Le pur ne peut être perçu que par celui qui est pur.

Mais est-il besoin d'invoquer des autorités quand on a pour soi la plus grande de toutes ? celui qui dit : *Soyez saints, car je suis saint. Vous n'êtes pas appelés à la souillure, mais à la sainteté.*

Heureux les cœurs purs, car ils verront Dieu; ils le verront partout et toujours. Ne plus *voir Dieu,* ne serait-ce pas le malheur des malheurs ?

A nos lectures aussi nous appliquerons le mot de saint Paul à Timothée : *Si quelqu'un se conserve pur de ces choses-là, il sera un vaisseau honorable, sanctifié, propre au service du Seigneur et préparé pour toutes sortes de bonnes œuvres.*

N'est-ce pas la meilleure des récompenses ?

Mme WILLIAM MONOD.

LES

DISTRACTIONS PERMISES

On ne peut pas toujours travailler. Après un effort d'attention soutenu comme après un travail physique prolongé, il faut un temps de repos, mais le repos pur et simple, l'inaction complète ont peu d'attraits pour la plupart des natures; ce n'est guère que dans la vieillesse qu'on trouve une jouissance à s'y livrer pendant de longues heures. Il faut à l'enfance, il faut à l'adolescence et à la jeunesse des délassements d'autre sorte; il leur faut des amusements.

Les Anglais ont un proverbe qui résume cette vérité sous une forme familière : « All work and no play make Jack a dull boy » (Rien que du travail et point de jeu font de Jacques un garçon maussade), et ils ont donné aux jeux dits athlétiques une importance considérable dans l'éducation de leurs enfants. Les jeunes filles anglaises elles-mêmes ont adopté, depuis quelques années, des jeux violents tels que le *cricket,* qui étaient autrefois réservés exclusivement à leurs frères et à leurs cousins.

Pour les jeunes filles françaises, avec leur tempérament moins robuste, leur esprit plus affiné et les inextricables réseaux des coutumes et des traditions qui les enserrent de toutes parts, la question des amusements est plus complexe. J'en connais qui se croiraient presque condamnées aux travaux forcés, si on les obligeait à prendre part aux exercices dont nos voisines d'Outre-Manche font leurs délices, et d'autres qui seraient malades de bâillements rentrés, si elles étaient invitées à une de ces matinées germaniques où le tricot et le café au lait sont de rigueur; les goûts personnels des jeunes personnes, les préjugés des parents, les préoccupations morales et religieuses, tous ces éléments divers forment une sorte de chaos assez difficile à démêler.

Tâchons de trouver un principe où nous attacher, une règle fixe qui puisse nous guider sûrement.

Et d'abord, cherchons à nous rendre compte de ce qu'est le plaisir?

On a dit qu'il naissait de la satisfaction de nos besoins, mais cette conception a paru trop basse et trop matérielle. Le plaisir, a-t-on dit encore, est dans l'activité, dans le libre jeu de nos facultés.

Voilà, diront les paresseuses, qui rappelle trop le travail, et elles feront peut-être la grimace à cette définition. Mais à la réflexion elles devront reconnaître qu'elle est juste.

Dans la lecture, par exemple, qui est pour tant de personnes le délassement favori, l'esprit tout entier entre en activité pour comprendre, apprécier, comparer; la mémoire, l'imagination ont leur part; les sentiments eux aussi sont mis en éveil.

Dans la rêverie, délice et piège à la fois, qui apparaît peut-être aux jeunes filles comme le *far niente* par excellence, c'est l'imagination qui est la grande ouvrière, et comme elle est seule en mouvement, son activité semble décuplée.

Cette vérité établie, il nous est facile de trouver la règle que nous réclamions tout à l'heure.

Le plaisir naissant de l'activité, les chrétiens doivent s'abstenir des divertissements qui mettraient en action des mobiles répréhensibles. Munies de ce principe, faisons la revue des divers délassements qui s'offrent aux jeunes filles, et commençons par ceux qu'elles peuvent trouver dans leurs maisons. A notre époque de chemins de fer, de moteurs électriques et de bicyclettes, on a une beaucoup trop grande tendance à quitter le *chez soi,* et pourtant, comme me le disait un jour une mère de famille « on n'élève pas ses filles sur les grands chemins. »

Sans rééditer la banale comparaison de la jeune fille et de la fleur cachée, comparaison complètement fausse d'ailleurs, puisque la fleur sans soleil ne peut s'épanouir, je dirai cependant qu'une jeune fille doit savoir rester à la maison, et je dirai plus : elle doit aimer la maison.

Une jeune fille qui s'ennuie chez elle, qui ne prend un air animé et aimable qu'au dehors, est une jeune fille dont je me méfierais singulièrement, si j'étais chargée du choix d'une femme pour mon fils : je risquerais trop d'encombrer l'existence de celui-ci d'une de ces créatures inutiles et frivoles que quelqu'un de ma connaissance appelait des « bibelots d'étagères. »

Elles sont si douces, si réconfortantes, les humbles joies du foyer, que je voudrais m'arrêter un instant à les décrire, persuadée que parmi les trop nombreuses jeunes filles qui les dédaignent, beaucoup n'ont jamais essayé d'y goûter.

Ainsi, pour les jeunes filles qui continuent leurs études hors de la maison, est-ce que le retour au logis, la journée de travail terminée, n'est pas une vraie petite fête quotidienne? Après la contrainte imposée par la discipline, après la fréquentation de camarades qui ne sont pas toutes des compagnes idéales, il fait bon reprendre, avec le petit tablier bleu ou rose, une agréable liberté d'allures et un ton autre que celui de la classe. Quoi de plus savoureux que le goûter expédié au milieu d'une vive causerie coupée de joyeux éclats de rire? Et quel plaisir de se retrouver au complet autour de la table du dîner, d'apporter chacun son petit récit, son anecdote gentiment tournée, d'écouter la causerie plus grave des parents, en laissant soigneusement de côté le déplaisant argot et les vulgaires facéties des collèges! Comme plus tard, les broderies, les tapisseries retrouvées sous la lampe, la partie de dames ou d'échecs, la musique, la lecture à haute voix feront bien oublier les problèmes ardus, les définitions et les formules arides !

Et puis, par-dessus tout, quelle satisfaction intime et réchauffante de se sentir sous le regard protecteur du père, sous le sourire sympathique de la mère qui souvent prend part aux discussions de l'ardente jeunesse et ne dédaigne même pas de se mêler aux jeux ! J'ai connu des jeunes filles qui ne se souciaient pas de recevoir leurs amies, si « maman » ne devait pas être de la partie, et qui se rendaient à contre-cœur aux réunions où leur mère n'était pas invitée ; elles jouissaient tant de leurs après-midi et de leurs soirées en famille, qu'elles ne tenaient guère à s'adjoindre des éléments étrangers.

Pour les jeunes filles qui, ne quittant pas la maison, prennent leur large part des travaux de ménage et des ouvrages à l'aiguille, les délassements sont autres, en vertu du principe que rien ne repose comme un changement d'activité ; elles demanderont à la lecture, au dessin, à la musique, à l'arrangement des fleurs, au soin du jardin les distractions souhaitées, mais tout naturellement, elles éprouveront le besoin de chercher au dehors quelques impressions nouvelles et d'entrer en communication avec des personnes qu'elles ne voient pas tous les jours. Une enfant unique, une jeune fille qui n'a que des frères, réclament des amies de leur âge, et ce désir est bien légitime. Il y a tant de petites choses que l'on'ne peut vraiment pas dire aux parents, et que l'on voudrait cependant confier à quelqu'un qui les comprendrait, et qui n'en rirait pas, à quelqu'un qui partagerait peut-être vos préférences. Avoir pleuré sur le même livre, essayé d'imiter le même sonnet, voué un culte au même musicien... toutes les jeunes filles vous le diront, rien ne rapproche comme ces premiers enthousiasmes. Et puis, rire à deux ou à trois, rire de tout son cœur, pour rien, pour le seul plaisir de rire, quand on a seize ou dix-sept ans, c'est cela qui est délicieux! Les vieilles gens l'oublient quelquefois, et devant eux on se tait et on étouffe un peu.

Ceci nous amène à un sujet qui a une grande importance et que nous voudrions au moins effleurer : le choix des amies. Je me suis toujours fait une si haute idée de ce que devait être l'amitié, ce commerce de deux intelligences, cette pénétration de deux cœurs, cette communion de deux âmes, que j'ai été souvent étonnée, pour ne pas dire choquée, de la légèreté avec laquelle se nouent les relations entre jeunes filles. Qui n'a constaté chez deux femmes qui se traitent d'amies, des contrastes tels, au point de vue moral ou intellectuel, qu'on se demande comment une entente quelconque a jamais pu s'établir entre elles?

« Qu'est-ce que vous voulez? vous répond-on. Nous étions du même âge, nous étions proches voisines... et la misère fait faire bien des choses! » Selon moi, mieux vaudrait la solitude à perpétuité, que certaines camaraderies.

La première condition, me semble-t-il, ce serait qu'il existât quelque égalité entre les amies, qu'elles appartinssent à des milieux semblables. Cette égalité n'est pas forcément une égalité dans les budgets, dans le train de maison, quoiqu'il y ait quelquefois des inconvénients à fréquenter plus riche que soi, j'entends qu'il y ait unité de vues, que l'on ait, les uns et les autres, le même idéal moral. Que de conflits, de déboires, de fâcheuses compromissions seraient évitées, si on se gardait d'entrer en relations avec ceux qui pensent et agissent autrement que vous! Vos parents se sont efforcés de vous inculquer des goûts simples pour votre toilette, pour vos amusements, et vous voilà mêlée à la vie de gens qui recherchent l'effet, qui ont l'habitude de la pose, qui sont amateurs de fausse élégance, et essaient de jeter de la poudre aux ·yeux. On vous a élevée à l'écart, loin du tapage, vous passiez votre dimanche dans le recueillement, vous alliez chercher le silence et la paix au fond des bois; chez votre amie, rien de semblable; on s'ennuierait si on restait tranquille, et on court là, où la foule s'amasse, on trouve des jouissances au milieu des bruits discordants de la grosse gaîté populaire. On vous a enseigné à écouter la voix de votre conscience, à obéir à la volonté de Dieu, et vous avez à entendre d'étranges doctrines sur le succès, sur le pouvoir de l'argent, sur l'intérêt qui prime le devoir.,. Et pour ne pas vous singulariser, par crainte de faire de la peine, afin de ne pas avoir l'air d'un censeur morose, il pourra vous arriver d'assister à des conversations déplacées, de prendre part à des divertissements qui répugneront à votre sens de délicatesse intime.

Songez-y, jeunes filles qui me lisez : en

prenant une amie, on donne une part de son cœur, de ce qu'on a de plus précieux... et l'on hésite peut-être moins que pour confier sa bourse à une inconnue !

Un mot encore au sujet des plaisirs que l'on peut trouver chez soi : ces plaisirs-là il dépend en grande partie des jeunes filles elles-mêmes de les découvrir, de les faire naître au besoin... Si elles s'enferment dans leur chambre pendant de longues heures, si elles en ressortent le front sombre et préoccupées on ne sait de quoi, si elles ne veulent rien voir, rien entendre, ne se mêler de rien, la maison sera pour elles la plus triste des prisons, mais elles n'auront aucun droit de se plaindre : elles seront simplement les victimes de leur propre mauvais vouloir.

Les distractions paisibles que nous avons énumérées ne suffisent pas. La jeunesse a besoin de grand air et d'activité au dehors : rien ne rassérène, rien ne détend les nerfs et ne délasse l'esprit comme une bonne promenade accidentée, où l'on grimpe, où l'on saute, où l'on butine comme une abeille au milieu des fleurs. Que de fois voyant mes enfants mécontents, grognons, querelleurs, agacés et agaçants, je les ai arrachés malgré eux à leurs livres et à leurs jeux, pour les faire promener même par le mauvais temps ! Pendant les cinq premières minutes, c'était un concert très peu harmonieux de plaintes et de récriminations contre le vent, contre le froid, contre la pluie ; mais au bout de dix minutes, plus question de grogneries ; chacun marchait d'un pas alerte, et arrivée en pleins champs toute la bande entonnait quelque joyeuse chanson. On rentrait au logis, enchanté de soi-même et des autres. J'en dirai autant des jeux de plein air, tels que le croquet, le tennis, le patinage ; rien n'est si bon pour le corps et l'esprit, à condition de se livrer à ces exercices sans préoccupations de toilette et de coquetterie. Si le maillet, la raquette ou le patin ne sont que des prétextes à costume spécial, si on se met à poser pour la galerie, on transforme un plaisir, hygiénique au premier chef, en un divertissement mondain d'un genre contestable.

C'est là le malheur : des choses parfaitement innocentes en elles-mêmes peuvent devenir répréhensibles à cause des dispositions intérieures qu'on y apporte.

A l'Ecole Normale de Sèvres, il est d'usage que les élèves dansent entre elles pendant les soirées d'hiver; on pense qu'elles ont besoin de mouvement après le travail assidu de la journée, qu'elles rétabliront et régulariseront la circulation du sang en se trémoussant en cadence; dans ces conditions, la danse est une gymnastique excellente, moins fatigante et plus agréable que l'autre; elle n'est rien de plus.

On n'en peut pas dire autant de la danse dans les réunions mondaines; je suis parfaitement disposée à admettre qu'une jeune fille puisse s'amuser en toute simplicité de cœur à un bal, mais en règle générale, le plaisir qu'elle y goûte est additionné d'éléments qui ne sont pas tous irréprochables. Elle désire attirer l'attention sur sa personne, être admirée pour sa figure, sa tournure, sa toilette, la légèreté de ses pieds, la grâce de ses mouvements; et si elle voit une autre jeune fille plus recherchée par les danseurs, la voilà dépitée, jalouse; elle veut du mal à cette rivale, se dit qu'une autre fois elle aussi arrivera coûte que coûte à l'éclipser; elle refusera la robe trop modeste que sa mère lui aura choisie, copiera les petites mines et les manèges qui réussissent à d'autres..... Ces surexcitations de la vanité ne sont pas aussi passagères qu'on pourrait le croire; elles causent parfois des bouleversements sérieux dans un jeune cœur : on en vient si vite à donner aux choses extérieures une importance trop grande, à croire que les succès mondains ont une valeur et qu'il faut leur faire une place dans sa vie! La fréquentation des fêtes peut avoir d'autres inconvénients encore. Certaines natures trouvent un charme si grand à l'espèce d'ivresse causée par l'atmosphère factice de la salle de bal avec ses fleurs, ses parfums, l'éclat des lumières, des bijoux et des toilettes, que pour elles tous les autres plaisirs deviennent fades, et qu'elles prennent en dégoût les tâches monotones de la vie quotidienne; et comme nous sommes ainsi faits, qu'avec l'habitude nous nous blasons sur toute chose, on en arrive à souhaiter on ne sait quoi, et à ne plus vivre qu'en des rêves extravagants.

Je me suis laissée conter qu'une fille de pasteur, à force d'entendre vanter par ses amies les délices des soirées dansantes, en était arrivée à désirer passionnément aller une fois au bal, et ses parents, la sachant raisonnable, et se fiant à l'éducation sérieuse qu'ils lui avaient donnée, consentirent à satisfaire cette fantaisie. Elle alla donc au bal, passa sa nuit à danser, puis se trouvant seule avec sa mère dans la voiture qui les ramenait, elle eut ce mot : « Ce n'est donc que cela ! »

Eh bien, oui, ce n'est que cela, une réunion de personnes qui semblent avoir oublié tout ce qui donne à l'existence son prix réel, et qui, prises d'une étrange folie, tourbillonnent absurdement au milieu d'une poussière écœurante, dans un air surchauffé, pour rentrer chez elles au matin, accablées de fatigue ou de migraine et incapables de tout effort pendant les heures qui suivront.

Selon nous, les filles pieuses feront bién de s'abstenir de ce genre de divertissement qui fait appel à des sentiments et à des sensations de nature inférieure ; qu'elles se gardent toutefois d'une faute dans laquelle sont tombées de jeunes exaltées qui refusaient d'aller au bal et se défendaient avec un entêtement si plein d'acrimonie que leur entourage critiquait sans merci la piété, mise en avant pour expliquer cette abstention.

Du bal passons au théâtre. Voilà encore un sujet controversé et pour lequel il semble diffi- cile de prononcer un jugement absolu. Il est évident que le théâtre moderne, bien loin d'être la sévère école de mœurs que de nobles esprits ont rêvée, est devenu une école de démoralisation et que l'on a exhibé sur la scène française des spectacles « à faire rougir un singe » selon l'expression favorite d'un critique, qui n'est pourtant pas un censeur austère. Mais d'un autre côté, n'y aurait-il pas une contradiction bizarre dans le fait qu'une grande partie du temps de nos écolières se passe à étudier les chefs-d'œuvres du théâtre classique et que, ces pièces qu'elles ont apprises par cœur, analysées, disséquées par le menu, elles n'auraient jamais la satisfaction de « les voir aux chandelles » comme on disait autrefois, et de les entendre déclamer selon les règles d'un art exquis ? Il me semble qu'une matinée classique au Théatre français est un plaisir que l'on peut accorder aux jeunes filles ; à écouter la grandiloquence ou les tirades pathétiques de Polyeucte, du Cid, à suivre avec un frisson les sombres péripéties d'Œdipe-Roi, les facultés les plus nobles de leur esprit seront seules mises en mouvement.

Reste la très délicate question de l'exemple. Tant de gens ne savent pas ou ne veulent pas distinguer entre les choses ! Le fait que telle jeune fille particulièrement en vue à cause de la position de ses parents ou de la situation qu'elle occupe dans l'Eglise, comme monitrice de l'Ecole du dimanche, ou membre d'une Union chrétienne, a été au théâtre dans les conditions exceptionnelles que nous venons d'indiquer, pourrait servir d'excuse à une autre jeune fille pour assister à un spectacle immoral...; ne vaudrait-il pas mieux dans des cas de ce genre, renoncer à un plaisir en se souvenant que toutes nous sommes les *gardiennes de nos sœurs?*

« Que nous restera-t-il donc? » s'écrieront peut-être quelques jeunes filles, effrayées de cette sévérité et qui se croiront condamnées à se priver de toutes les joies que peuvent nous donner les arts, ces précieuses floraisons du génie humain. De ce qu'une certaine manifestation artistique puisse nous être interdite par un devoir de solidarité chrétienne, il ne s'ensuit pas que l'art tout entier doive être pour nous lettre-morte. Les auditions musicales, sources de jouissances infinies pour tant d'amateurs, les trésors inappréciables de nos Musées, les richesses de nos Expositions, voilà de quoi satisfaire largement les goûts d'art de nos jeunes filles.

Nous n'avons rien dit des fêtes de famille, des réunions intimes; ces délassements se rattachent à ceux que nous avons déjà indiqués, puisqu'ils ne sont guère qu'un prolongement, un développement des plaisirs du foyer.

Les parties de campagne, les excursions, les voyages rentrent aussi dans la catégorie des *bonnes* distractions, à la condition de n'en pas abuser.

En toute chose, il y a des limites qu'il faut savoir ne pas dépasser. J'ai entendu parler d'une famille composée de plusieurs jeunes filles, où tout était subordonné aux occupations et surtout aux plaisirs des enfants. Et les parents vivaient dans une sorte de fièvre continuelle : conduire l'une à un rendez-vous avec une amie, l'autre à une conférence, préparer les toilettes pour une soirée, courir chez des amis, afin d'arranger la partie de tennis du lendemain, faire des démarches en vue d'obtenir des billets de concert gratuits, et des invitations à une matinée littéraire, c'était là leur existence. Les forces du vieux père s'épuisaient à ce métier. « Que voulez-vous? disait la mère, il faut bien que ces pauvres enfants s'amusent! »

S'amuser! s'amuser toujours! il semble vraiment que ce soit le désir dominant de notre époque.

Il y a pourtant une sorte d'ennui qui peut être salutaire; c'est celui dont parle Pascal dans l'un de ses chapitres les plus frappants, et qui n'est autre que la tristesse qui naît de la contemplation de soi-même et du sentiment de la misère humaine.

Ne nous faisons pas d'illusions : la vie est sérieuse, et s'il est permis à la jeunesse de goûter quelques plaisirs innocents, elle ne doit pas leur donner une place prépondérante ; elle doit penser avant tout aux devoirs nombreux que Dieu lui a donnés à remplir.

FANNY ANDRÉ.

LA

JEUNE FILLE ET LE THÉATRE

C'est surtout à propos du théâtre (1) que se
pose la question, délicate et difficile, des plaisirs
permis ou défendus. Il est peu de sujets qui
intéressent à un plus haut degré l'avenir moral
de la jeune fille. Assurément, ce que nous
nous proposons de dire ici nous le dirions sans
hésiter aux jeunes gens, n'étant point de ceux
qui professent la théorie des deux morales;
mais nous ne le dirions sans doute pas de la

(1) On consultera avec fruit : Rousseau, *Lettre à
d'Alembert sur les spectacles*; Vinet, *Etudes sur la littérature au XVIIIe siècle*, et, du même auteur, dans ses
Mélanges, le fragment intitulé : *De l'inclination théâtrale*;
Tophel, *Les limites de la liberté chrétienne*, avec un
appendice sur la question du théâtre; Jenny Lind. *Cantatrice chrétienne*; Josias Leeds, *Le théâtre*, etc,

même manière. Peut-être aussi devrions-nous parler d'une manière différente selon que nous nous adresserions à des jeunes filles mondaines ou à des jeunes filles chrétiennes. Mais peut-être en prenant les choses de haut, et en nous plaçant sur le terrain de la *solidarité,* aurons-nous quelque chance d'être compris de toutes. Nous plaindrions sincèrement celles qui n'y verraient qu'un mot vide de sens, et qui ne tiendraient pas à honneur d'obéir à ses exigences. L'humanité, aussi bien l'humanité naturelle que l'humanité régénérée, n'est rien en dehors de la solidarité. C'est à la précision de cette loi, qu'est imputable la netteté de notre conclusion.

I

Nous ne ferons pas à nos lectrices l'injure gratuite de les croire capables d'assister à certaines représentations théâtrales, qui sont une véritable honte pour la scène française. Les mauvais livres, dont nous avons parlé ailleurs, et les mauvaises pièces sont au nombre des agents les plus actifs de la démoralisation contemporaine. Or si les chefs-d'œuvre de l'antiquité ou du grand siècle de notre littérature paraissent encore sur l'affiche, ils y sont comme noyés dans le flot toujours plus abondant des drames, des vaudevilles ou des opérettes, dont la valeur littéraire ou musicale ne réussit pas à racheter la médiocrité, disons plus justement, l'immoralité de l'idée. « Amour conjugal et amour filial, dit un auteur qui a fait de la question du théâtre l'objet d'une étude particulière, chasteté, principes et scrupules de conscience, paternité, vieillesse, piété, prière, sainte cène, vie, mort, Dieu lui-même, il n'est rien de vénérable, rien de pur, rien de noble, rien de saint que le théâtre n'ait entrainé dans sa fange, comme il n'est rien de vil, d'abject et de criminel, qu'il n'ait servi à ses clients ! Sans cesse en quête d'excitations nouvelles pour des palais brûlés, il n'est sorte de situations impossibles qu'il n'invente chaque jour, pour avoir l'occasion d'étaler le vice, ou, ce qui est pire, de le faire entrevoir sous un voile alléchant » (1).

Exagérations oratoires, penserez-vous peut-être? Les faits sont là pourtant, et l'audace de nos dramaturges soulève l'indignation des consciences droites. Si les mauvais livres recrutent

______

(1) Tophel, *Les limites de la liberté chrétienne*, p. 63-64.

sans cesse pour les cours de justice, on peut en dire autant des mauvais drames. Le directeur de la prison de la Force, M. Becquerel, disait que l'affluence inusitée de ses pensionnaires lui était un signe certain qu'une pièce à sensation s'était jouée, sur la scène, à Paris. Comment s'en étonner, lorsque, de l'aveu même de Saint-Marc Girardin, le théâtre contemporain « au lieu de représenter l'ensemble d'un caractère, et de montrer la lutte entre ses bonnes et mauvaises passions, choisit une de ces passions qu'il fait violente, irrésistible, *fatale*, et qui devient la maîtresse absolue de toutes les autres. » (1) Il n'est pas de prédication plus néfaste que celle qui résulte de cette prétendue fatalité du sentiment.

Mais je m'en veux d'insister à ce point. La cause des mauvaises pièces est entendue. Mais les bonnes? Sans m'arrêter à demander si, parmi les drames qui tiennent le plus ordinairement l'affiche, il en est un seul qui soit *absolument* bon, je veux faire observer à mes lectrices combien glissante est la pente et périlleux le choix. Où placerons-nous la limite entre

(1) Tome I, p. 166.

les bonnes et les mauvaises pièces? Les opéras les plus admirables, ceux dont la musique de chambre nous permet de jouir sans arrière pensée, ne sont-ils pas, sur la scène, souillés par les exhibitions des corps de ballet? Et les drames les plus enlevants ne font-ils pas naître certaines émotions, qui, une fois éveillées, demandent des satisfactions sur la qualité desquelles on devient de plus en plus coulant? « Il est si vrai, disaient les pieux jansénistes de Port-Royal, que la plupart des pièces de théâtre représentent des passions coupables qu'il n'est presque pas possible de représenter les vertus chrétiennes sur la scène. » Et sans méconnaître les bons sentiments, les beaux exemples, les hautes vertus qui peuvent paraître en certaines représentations, il faut confesser, pour peu que l'on se pique de psychologie, que « c'est précisément le bon, le peu de bon qui subsiste parmi les souillures de la scène qui paraît en constituer l'un des plus grands dangers. Les bonnes pièces font le pont aux mauvaises, et transforment notre théâtre, au point de vue du vice, en un jardin d'acclimatation. » (1)

(1) TOPHEL, p. 63.

Il y aurait beaucoup à dire sur le besoin d'émotions violentes, sur la soif de fiction, sur l'amour de l'irréel, et le mépris de la vie, telle que les circonstances nous l'ont faite, qui est à la base de l'inclination théâtrale et qui en constitue le péril. Tout cela a été dit (1) avant nous, mais nous avons voulu, en quelques pages, signaler le danger, *dans l'état actuel de la scène française,* de la fréquentation du théâtre par les jeunes filles. Nous ne saurions mieux conclure sur ce premier point que par cet aveu significatif de l'un de nos dramaturges contemporains. « Vous faites bien de ne pas mener votre fille voir une pièce, écrivait Alexandre Dumas. Permettez-moi de vous dire une fois pour toutes : *ne conduisez jamais votre fille au théâtre.* Ce ne sont pas seulement les pièces qui sont immorales, c'est le lieu. Quand nous peignons les hommes, nous devons le faire avec une vérité qui n'est pas faite pour tous les yeux. Le théâtre étant la peinture ou la satire des passions et des mœurs sociales, il faut qu'il soit immoral, les passions et les mœurs étant elles-mêmes immorales. »

(1) Notamment par VINET; en particulier dans ses *Mélanges : De l'inclination théâtrale,* p. 167-174.

II

Ici, toutefois, l'on se récrie : Ne peut-on pas concevoir un théâtre, dont la fréquentation soit sans danger? Vinet lui-même s'est posé la question et il avoue qu'elle est difficile. A première vue, il semblerait qu'on puisse la trancher par l'affirmative. Les tragiques grecs, Eschyle, Sophocle, Euripide, avec les deux grandes passions qui sont les ressorts de leurs drames : la terreur et la pitié, plus tard les mystères et les moralités du Moyen-âge ont été, à beaucoup d'égards, des écoles de vertu et de pitié. On sait le prodigieux effet produit par la représentation des Perses et de Prométhée. C'étaient là des événements vraiment nationaux et, pris à cette hauteur, le théâtre faisait partie intégrante de la vie du peuple. C'est que le fond moral de ces pièces était justement l'opposé des idées qui défrayent le théâtre contemporain. « La leçon qui sortait de la tragédie ancienne, dit encore Saint-Marc Girardin, c'était l'idée qu'il ne fallait qu'une seule mauvaise passion pour perdre une âme; leçon austère et dure qui fait trembler l'homme sur sa fragilité et

qui lui inspire un scrupule et une surveillance
perpétuels. La leçon morale qui sort de nos
drames modernes, c'est qu'il ne faut qu'une
seule bonne qualité pour excuser beaucoup de
vices; leçon indulgente qui met le cœur de
l'homme fort à l'aise (1). »

Et pourtant, à quelque hauteur que les grands
maîtres aient porté l'art scénique, les effets
désastreux de l'institution théâtrale ne tardèrent
pas à se manifester. Plutarque nous apprend
que les réformes tentées pour l'améliorer et
l'assainir ayant échoué, on décida de le supprimer. Lacédémone, dont l'austérité proverbiale
fut le plus solide boulevard de l'indépendance
grecque, ne le toléra jamais. Xénophon, Sénè-
que, Tacite, l'ont dénoncé comme une école
de dépravation. Josèphe s'indigne quand les
Hérodes veulent l'implanter à Jérusalem, et
Tertullien nous enseigne que les Romains de
son époque firent une loi pour décréter le
théâtre lieu infâme. A quoi bon ajouter à ces
témoignages, païens pour la plupart et par là
même d'autant plus décisifs, celui des Pères de

_____

(1) *Saint-Marc Girardin*, Tome I, p. 339.

l'Eglise (1), dont on pourrait suspecter l'impartialité et regretter l'intransigeance? Il nous suffit de constater, que même au degré de grandeur et de pureté où ils l'élevèrent, les Grecs ne purent point prévenir les effets démoralisateurs du théâtre..L'histoire est là pour instruire ceux qui, comme Jenny Lind ou d'autres, ont rêvé d'une scène irréprochable, de l'inutilité des réformes et de l'impossibilité, même théorique, d'un théâtre moralisateur.

Et alors nous nous trouverions pris dans une douloureuse impasse, s'il n'y avait lieu de faire ici une distinction aussi facile qu'importante. Comment concilier notre admiration pour ces grands chefs-d'œuvre, qui s'appellent Antigone, Britannicus, Polyeucte ou les Burgraves, avec notre juste réprobation du théâtre, si ce n'est en distinguant la poésie dramatique de l'art scénique proprement dit? Rien ne nous empêche non plus de jouir des Huguenots, de Faust, ou de Lohengrin, sans encourager par notre présence les ballerines qui forment le piment de ces illustres opéras. Vinet reproche avec

____

(1) *Tertulien* appelle le théâtre : l'Eglise du diable; *Chrysostome*, « l'impure nourriture de Satan »; *Clément*, la pompe des idoles, etc.

raison à Rousseau, dont on sait l'intransigeance sur la question théâtrale, de ne pas avoir pressenti et marqué cette différence, et d'avoir confondu les deux choses (1). « Or, dit-il avec raison, la poésie dramatique n'est pas plus mauvaise en elle-même qu'aucun autre genre de poésie. Lui faire la guerre, c'est la faire à toute espèce de poésie et même à la vie qui, elle aussi, est pleine de fictions. Non seulement l'homme sans poésie n'est pas un être complet, mais, de plus, le besoin *non pas du théâtre, mais des spectacles* est dans la nature humaine. » Il insiste ailleurs sur cette distinction : « L'élément poétique complète l'homme. La poésie n'est pas la parure des choses, elle en est l'idée intime... mais le goût théâtral est d'une autre nature; c'est le besoin de voir la vie comme elle n'est pas; c'est le besoin de se faire illusion sur les véritables proportions des objets. C'est l'empire de la partie sensitive de l'être sur la partie spirituelle... Un peuple poétique a peu besoin de spectacles; pour lui, du moins, les plus simples sont les meilleurs » (2).

(1) *Littérature du XVIIIe siècle*, p. 293.
(2) *De l'inclination théâtrale*, p. 170.

III

Nous nous sentons maintenant à l'aise pour dire toute notre pensée sur le théâtre lui-même La question d'art étant tranchée et les droits de l'esthétique pleinement sauvegardés, il n'est pas difficile de montrer, après Rousseau, les dangers de la scène pour ceux qui en vivent et par là même de conclure à l'attitude qu'il convient à la jeune fille d'adopter. Les faits parlant d'eux-mêmes, nous nous bornerons à citer (1).

Le théâtre est, pour l'acteur, une école de *fiction*, et cela s'explique. « Habitués à se faire un visage, à peindre des sentiments qu'ils n'ont pas, une sagesse qui leur manque, les acteurs, disait Mlle Mars, arrivent à se convaincre qu'en dehors de leur empire le monde n'est guère plus vrai qu'eux. » Et un soir qu'elle devait jouer, malgré une tristesse poignante, « ce fut alors, dit-elle, que je compris à quel douloureux mensonge, à quel triste esclavage

(1) Les citations suivantes sont empruntées à l'excellent appendice de M. Tophel sur la question du théâtre, ou à l'opuscule de Leeds.

l'art nous condamne ! Il fallait feindre l'insouciance et la gaieté... J'étais comédienne !... Le
malheureux garde, du moins, à toutes les heures
de sa vie, le droit de pleurer et de se nourrir
de sa douleur ; il y a une heure où, nous autres,
nous devons sourire avec la mort dans le cœur :
affreuse dérision dont j'éprouvai ce soir-là toute
la rigueur ! » — « Que fais-je, ici ? demandait
à son tour Mlle Desclée. Pourquoi ce mouvement, ces études inutiles, ce métier de
saltimbanques, cette existence tout à la fois
vide, monotone et bruyante ? Historier un pauvre visage qui demande grâce ; comprimer ún
corps ; changer la couleur de ses cheveux ;
puis, avec une conviction étudiée, réciter de
certaines choses dont on ne pense quelquefois
pas un mot ; *mentir* enfin, tromper les yeux et
les oreilles de la foule pour arriver à l'amuser
pendant quelques heures ; franchement, où est
le but ? A quoi bon ? Et après ? »

Après ? c'est le *scepticisme*. « Les gens de
théâtre ne croient à rien, » avoue Mlle Mars. Et
à quoi pourraient-ils bien croire, alors que les
exigences de leur art les obligent à profaner ce
qu'il y a de plus sacré ? « Afin de traduire le
poète, disait Alexandre Dumas sur la tombe de

Mlle Desclée, de s'emparer du spectateur, l'acteur descend dans les profondeurs de son être à lui ; il fouille, il remue, il agite, il exhume, il dissèque, il *profane* quelquefois. Qu'importe? il faut qu'il soit vrai ; le démon le tient, et le public l'appelle ! Ses impressions les plus intimes, ses souvenirs les plus secrets, ses douleurs les plus sacrées,... l'artiste les réveille tout à coup; il recommence la passion, avec laquelle il croyait avoir fini;... et il dit : « Viens, souvenir; viens, amour; viens, remords même; répète-moi ce que tu m'as dit autrefois;... je te vends momentanément mon âme, et s'il le faut, je suis prêt à l'attentat et au sacrilège! » Rappelez-vous Talma poussant un cri déchirant en apprenant tout à coup la mort de son père et murmurant quelques instants après : « Ah! si je pouvais retrouver ce cri là sur le théâtre! » Et lorsque, à son tour, il se vit lui-même en face de la mort, il prit un miroir, et, regardant son visage décharné : « Quel malheur, dit-il, de ne pas jouer *Tibère* avec ce visage là! » C'est effrayant, c'est monstrueux, dira-t-on peut-être; et mieux vaut l'obscurité que la gloire à ce prix. C'est ainsi cependant, et il faut que cela soit ainsi. »

Nous étonnerons-nous dès lors que les planches soient une école de *dépravation* et que l'artiste y soit presque fatalement condamné à une vie d'infamie? Dernièrement encore, le directeur de l'une de nos grandes scènes nationales écrivait que pour l'actrice la vertu est un bagage encombrant et qu'il n'en voyait pas la nécessité. Les rares exceptions que l'on peut citer sont bien de celles qui confirment la règle, et nul doute que le témoignage de ces artistes irréprochables ne soit nettement défavorable à l'institution. Un grand acteur anglais, Mac Ready, déclarait que pour rien au monde il ne laisserait sa fille entrer au théâtre; et voici ce que Mlle Mars écrivait à une dame désireuse de voir sa fille aborder la carrière dramatique : « Y pensez-vous? Quoi! Marie au théâtre! quand vous êtes riche, quand vous avez une dot à donner à votre fille, quand vous pourriez en faire une honnête femme en la mariant à un honnête homme, vous la précipiteriez dans les orages et les aventures de la vie de théâtre! Vous l'enlèveriez aux joies intimes de la vie régulière et honorée! Non, en vérité, non Madame, vous ne le ferez point, vous ne sacrifierez point votre fille. » — « Plutôt que de te savoir au théâtre, disait une autre actrice à sa sœur, j'aimerais mieux te voir mourir ! »

C'est là ce qui nous explique un dernier trait de la vie des artistes, je veux parler de leur *tristesse*. « Je ne fus jamais heureux et je ne le serai jamais », écrivait Lekain à la marquise de Saint-Chamond ; et l'on connait le cas de son ami Garrick, qui, attéint de mélancolie, alla consulter sans se nommer, un grand médecin sur l'état de dépression que lui procurait son incurable abattement. « A tout prix, lui dit le praticien, il vous faut de la distraction ; allez entendre souvent Garrick et je réponds du résultat ! » — « Garrick, reprit le malade ? mais c'est moi qui suis Garrick ! » — La grande actrice anglaise, Fanny Kemble, qui n'était entrée au théâtre, qu'elle ne cessa de haïr, que pour sauver son père de la ruine, décrit comme suit les ravages que la scène avait accompli dans l'âme de sa tante, la grande tragédienne Siddons : « Le vide de sa vie, dans ses dernières années, m'avait fait une impression profonde ; son apathie, son indifférence à toutes choses me semblaient, injustement peut-être, bien moins le résultat de l'âge que celui de la desséchante et destructive influence de l'atmos-phère surexcitée dans laquelle elle avait passé sa vie. Ce qui est certain, c'est que ce souvenir m'inspirait une telle frayeur pour moi-même que j'ajoutais à mes prières de chaque jour une ardente supplication pour être préservée de la mauvaise influence que la profession que j'avais embrassée pouvait exercer sur moi. »

A quoi bon prolonger nos citations? Dès qu'il est établi — et pour nous la preuve est plus que suffisante — que « dans ce métier qui condamne les acteurs à un incessant travestissement moral, à une substitution journalière d'un caractère à un autre, aujourd'hui le plus noble, demain le plus ignoble, dans cette exhibition de la femme, livrée, en dépit des lois de sa nature, aux regards d'un public excité, en un mot dans tout ce faux, dans tout ce fard, dans ce mensonge perpétuel... il y a une telle atteinte à la dignité humaine que la conséquence à peu près infaillible en est une vie d'immoralité », on ne peut adopter d'autre conclusion que celle de Vinet : « Si le théâtre voue ses instruments à l'immoralité et quelquefois à l'infamie par la tâche qu'il leur impose, comment nous serait-il permis de l'encourager? »

IV

On ne manquera pas de nous opposer ici, à côté des quelques actrices dont la vie a été irréprochable, le cas d'artistes pieux qui n'ont pas eu pour la scène les anathèmes des Pères de l'Eglise et n'ont pas cru forfaire à leur titre de chrétien en continuant à paraître sur les planches. Sans doute, pour prendre un exemple remarquable, Montague Stanley, l'artiste aussi brillant que sceptique, ne sentit pas de prime abord, après sa conversion, l'incompatibilité qui existe entre le christianisme et le théâtre. Mais cela ne dura pas ; peu à peu ses illusions se dissipèrent, ses yeux s'ouvrirent ; le théâtre perdit pour lui son prestige et son attrait ; et bien que la carrière dramatique fut son gagne pain et lui réservât un brillant avenir, il comprit peu à peu le devoir de se séparer d'une profession aussi périlleuse pour la foi et la vie d'un chrétien. Il ne fut véritablement heureux que du jour où il prit cette héroïque détermination et la communiqua à son directeur. Le dernier soir qu'il parût sur la scène fut pour lui le soir de la délivrance. « Voilà, écrivait-il, la dernière heure de ma carrière dramatique ! Que Dieu soit loué maintenant de ce qu'il m'a appelé des ténèbres à la lumière. Me voilà délivré d'une profession incompatible avec la piété. Que le Seigneur daigne me bénir et me diriger dans ce nouveau chemin où je viens d'entrer ! » et il mourut, membre actif et influent de son Eglise, directeur d'une Ecole du dimanche, dans la pleine paix des enfants de Dieu.

Jenny Lind, la grande cantatrice suédoise, dont on vient de nous donner une attachante biographie (1) que nous recommandons chaleureusement à nos lectrices, et dont les triom= phes dans l'Europe entière ont dépassé tout ce qui peut être rêvé, était, elle aussi, une vraie chrétienne. Elle avait mis au service de Dieu, non moins qu'au service de l'art, ses dons exceptionnels. On l'a appelée une *Sainte Cécile protestante,* et Mendelsshon a écrit d'elle : « Jenny Lind est une des plus grandes artistes qui aient jamais existé et la plus grande que je connaisse ». Elle eut la généreuse pensée de régénérer le théâtre. Elle n'acceptait aucun

(1) *Jenny Lind, cantatrice chrétienne,* par C.-A. WILKENS, adapté de l'allemand par JULIA JEQUIER, Genève, 1890.

caractère, dont les traits fondamentaux eussent été en désaccord avec ses convictions ou ses principes. Elle s'était donné pour règle de ne jamais jouer un rôle capable d'éveiller des sentiments coupables dans l'âme des spectateurs. Elle ramena à leur véritable interprétation certains caractères défigurés ou travestis par d'autres acteurs. Et surtout, elle conserva dans la vie de théâtre une dignité, une simplicité et une austérité qui comptèrent parmi ses meilleurs éléments de succès ». Elle resplendissait aussi pure qu'un lis au-dessus des marécages de la scène. « La Bible était l'une des sources les plus abondantes de son inspiration; et loin de se plier aux exigences de la fameuse maxime « l'art pour l'art », elle avait pris cette devise : « L'art pour le bien des âmes immortelles ». Aussi comprend-on le témoignage que lui rendait Andersen : « Il semble qu'elle vous offre un saint breuvage dans un calice sacré. »

Et pourtant, pour elle aussi, comme pour Stanley, l'heure vint où elle dut s'avouer que ses efforts pour renouveler la scène ne pouvaient aboutir qu'à un échec. Malgré ses apothéoses, malgré les millions que lui rapportaient ses tournées artistiques et qu'elle semait sur ses pas pour le soulagement des infortunes humaines, malgré sa passion pour l'art et pour la vocation dramatiques, malgré les supplications de ses amies et de son roi, elle brisa avec son passé du jour où elle se rendit compte du danger que la vie de théâtre faisait courir à sa piété. « L'atmosphère des coulisses, le monde mélangé qui s'y pressait..... les jalousies, les disputes, les froissements, les critiques, les luttes, tout cela finit par lui inspirer un invincible dégoût. » A une amie qui lui demandait comment elle avait pu quitter la scène au moment le plus brillant de ses succès, elle répondait, en montrant sa Bible : « Eh bien ! chaque jour, je pensais moins à ceci ». Et quand le dernier lien fut rompu, elle s'écria avec transport : « Mon âme est semblable à l'oiseau échappé au filet de l'oiseleur; le piège est brisé et je suis libre. »

V

De tels aveux sont décisifs et donnent un poids incomparable à cette conclusion de Madame Craven, la biographe de Fanny Kemble : « Il y a lieu de croire que le théâtre utilisé, moralisé, régénéré enfin, demeurera toujours dans la région des utopies, puisque ceux qui pourraient seuls le réaliser détestent la scène et que ceux qui s'y plaisent n'ont probablement aucune envie de le transformer. » (1)

Et dès lors, la nôtre s'impose avec une force toute nouvelle. Avec Rousseau, avec Vinet, avec bien d'autres encore, nous répondons par un *non* aussi catégorique que possible à la question qui a provoqué cet article : « Une jeune fille peut-elle fréquenter le théâtre? » Et nous irons plus loin que Vinet, qui limite aux chrétiens l'interdiction qu'il prononce. Aucune jeune fille au cœur bien placé, à l'âme haute, à la conscience droite, ne peut en face des faits,

____

(1) Tophel, Appendice p. 27. Mgr. Ireland, le généreux prélat américain, voudrait se servir du théâtre pour régénérer la société. Mais « quelle illusion de croire, écrit M. René Doumic (*Annales politiques et littéraires,* 18 avril 1896), que le théâtre puisse se faire l'allié de l'Eglise... On aura beau dire, l'endroit est profane... La morale qu'on peut recommander par les moyens qui appartiennent au théâtre est tout humaine... C'est quand elle met le théâtre en interdit que l'Eglise est conséquente avec son principe. » Mais nous ne pouvons suivre M. Doumic, quand il étend à la littérature en général ce qui n'est vrai que de ses applications scéniques. C'est bien ici qu'il importe de se rappeler la distinction de Vinet.

à moins de faire passer son plaisir avant l'honneur et le bonheur de ses semblables, pactiser avec l'institution théâtrale. J'en appelle sans crainte à la conscience de mes lectrices. Pourriez-vous bien, de gaieté de cœur, jeunes filles pures et aimantes qui avez un foyer sympathique, un nom sans taches, un avenir brillant, une vie heureuse, pour assouvir un besoin souvent factice d'émotions malsaines, peut-être même coupables, vouer à une vie irrégulière et déshonnête celles de vos sœurs dont vous faites, par votre présence au théâtre, les instruments de vos plaisirs? Si vous avez la moindre notion de la *solidarité* qui vous unit à elles, et la moindre étincelle de pitié dans le cœur, bien loin d'encourager la scène, vous lui disputerez ses victimes. Vous n'avez pas le *droit* de les perdre pour vous amuser. Vous avez le *devoir* de les sauver, et c'est là une tâche assez belle pour qu'elle tente celles d'entre vous qui dans tout outrage fait à la dignité d'une femme voient un outrage à leur propre dignité.

Cet appel prend toute la valeur d'un *a fortiori*, quand on l'adresse aux jeunes filles chrétiennes. C'est bien elles qui seraient impardonnables si, méconnaissant la valeur de l'être humain, elles contribuaient avec une imperturbable assurance et pour l'égoïste satisfaction de leurs plaisirs, à la perdition d'une seule âme! C'est bien elles qui seraient directement responsables si, faisant fi de la loi de solidarité, dont personne plus qu'elles ne devrait comprendre la grandeur, elles oubliaient que « *nul de nous ne vit pour soi-même* » et que la fatalité du péché à laquelle le théâtre condamne leurs sœurs, les condamne elles-mêmes à se pencher vers la scène, non pour jouir de ses spectacles souvent corrupteurs, mais pour lui arracher celles qu'il prend dans tout l'éclat d'une jeunesse en fleur et qu'il rejette dédaigneusement, lorsque, santé, beauté, talent, dignité, corps et âme, il a tout dévoré, tout souillé, tout détruit. La solidarité n'est rien, si elle ne nous fait pas voir les choses sous cet angle et si, avec une immense pitié et un ardent amour pour les victimes du théâtre, elle ne nous inspire pas, avec le dégoût de tout ce qui peut river plus étroitement leurs chaînes, la ferme volonté de travailler à les briser.

Voilà bien des renoncements, va-t-on dire. Le pense-t-on vraiment? Si nous avons contesté *l'art dramatique,* n'avons-nous pas concédé la *poésie dramatique?* Nous ne préconisons pas une existence d'anachorète, une vie sans poésie, sans saines distractions, sans joies? Allons plus loin et tout en repoussant le théâtre, admettons, avec Vinet, le besoin de spectacle; mais rappelons-nous que poésie et spectacles se trouvent bien moins sur la scène que dans la réalité! « Elle est surtout, dit-il de la première, dans les joies, dans les soucis, et jusque dans les tristesses du foyer domestique; dans ce drame long, monotone et doux de la vie de famille; dans le retour régulier de ce qu'attend une modeste espérance; dans les épisodes gracieux, sombres ou touchants que la Providence entremêle à l'épopée de chacune de nos vies; dans le souvenir respectueux des vertus réelles et pratiques des ancêtres; dans l'estime plus que dans la gloire; dans un amour intime de la terre natale, de tous ses enfants, de tous ses intérêts; dans la vie intérieure du cœur, vaste et profond théâtre où, dans un demi jour solennel, se meuvent tant d'idées et de sentiments, d'images et de réalités, de souvenirs et d'espérances; dans la religion enfin, sans laquelle toute poésie est menteuse ou mutilée, et qui, seule, donnant une valeur impérissable à ce qui ne paraît pas, en enlève d'autant à tout ce qui paraît et qui éclate. » La voilà la vraie poésie! Qui oserait dire que, du même coup, la vie n'est pas le plus instructif des spectacles, souvent aussi le plus émouvant des drames? Vivez, chère lectrice, vivez cette vie-là; mêlez-vous à celle de vos compagnes, surtout de vos *sœurs du peuple;* prenez votre part de leurs luttes, de leurs tristesses et de leurs joies, et vous verrez si votre besoin d'émotion et d'action ne trouve pas à leur contact une ample satisfaction non moins qu'un inappréciable dédommagement aux renoncements que nous impose la loi chrétienne de la solidarité. D'ailleurs pourquoi contester la réalité de ce sacrifice? Quand nous n'aurions écrit que pour la faire ressortir avec netteté, nous estimerions n'avoir point fait œuvre inutile. Alors même qu'il n'y aurait aucune compensation littéraire ou musicale à l'abstention du théâtre, le devoir en serait-il moins pressant et moins précis? Vit-on pour soi, pour ses propres satisfactions, pour ses propres intérêts? Et s'il est démontré qu'une habitude, une distraction, un usage, inoffensifs en eux-mêmes, sont nuisibles aux autres, la conscience ne commande-t-elle pas d'y renoncer? La tempérance, l'abstinence n'ont pas de base plus solide que celle-là. Qui veut entrer dans cette voie féconde et bénie? La *femme* vit, assure-t-on, de dévouement, d'abnégation, d'oubli de soi; et le *chrétien,* au dire du Christ, est celui qui renonce à soi-même. N'y a-t-il pas de quoi tenter une *femme chrétienne* dans le programme que nous venons d'esquisser? Le jour où la loi de la solidarité, joyeusement acceptée, inspirera de semblables dévouements, le théâtre aura vécu, mais la *poésie* se sera enrichie de l'un de ses plus beaux chants, et les anges auront contemplé un *spectacle* digne de Dieu!

J.-E. NEEL.

COMMENT IL FAUT S'HABILLER

L'INDUSTRIE moderne avec les perfection-
nements de son outillage a introduit dans
l'habillement des changements considérables;
petit à petit, les costumes nationaux ont été
abandonnés presque partout, et les grands
magasins aidant, on a adopté une mise à peu
près uniforme par toute la France.

Ces bonnes vieilles étoffes du temps de nos
grand'mères, qui après avoir servi pendant de
longues années à la mère de famille, se trans-
formaient à l'usage des filles ou des petites-
filles, notre fin de siècle ne les connaît plus.
On fabrique et on vend pour presque rien des
tissus qui, par leur grain, leurs dispositions
spéciales, leurs nuances infiniment variées,
ressemblent d'une manière surprenante aux
étoffes chères. Il en est de même pour les

rubans, les fleurs, les dentelles, les formes de chapeaux, les gants, tous les accessoires de la toilette enfin. Aussi, pour la jeune ouvrière qui a vu passer les filles de son patron, pour la petite bourgeoise qui a frôlé à l'église ou à la promenade des demoiselles élégantes, la tentation est grande de se procurer un costume *presque* pareil à ceux qu'elle vient d'admirer.

Pendant quelques dimanches on se pavanera fièrement, en se persuadant que la copie est parfaite, et que chacun s'y trompera, sans se douter que presque toujours, par quelque détail, fleur trop voyante, ruban de nuance disparate, exagération bizarre, le goût peu discipliné se trahira. Puis, l'apprêt, qui soutenait le tissu médiocre et les rubans de mauvaise qualité, tombera, les fleurs et les dentelles se friperont et l'ensemble prendra cet aspect mesquin et lamentable qu'a toujours la fausse élégance ; enfin, vienne une pluie d'orage ou un accident quelconque, la jolie robe rose, bleue ou vert pâle, ne sera plus qu'une loque, dont on ne pourra rien faire, et le chapeau coquet deviendra un misérable chiffon sans forme et sans couleur.

La jeune élégante d'il y a quelques semaines

poussera le cri de détresse, qui pour tant de femmes est celui du malheur suprême : « rien à mettre! », et elle courra faire de nouvelles emplettes, tout aussi déraisonnables que les premières.

Voilà comment il arrive que le gain de beaucoup de jeunes filles passe tout entier à leur toilette; d'économies, il n'en est jamais question, pas plus que de l'achat de bon linge, de chaussures résistantes et durables. Et combien souvent on s'endette pour se procurer ces nippes coûteuses ! J'ai entendu parler de jeunes filles, habitantes d'une petite commune d'Indre-et-Loire, qui sont de très habiles brodeuses, mais que leur talent n'enrichit pas..... loin de là; en effet, elles s'engagent à fournir à des marchands de nouveautés des fonds de coiffes finement travaillés en échange de divers articles de toilette; elles ont beau s'abîmer les yeux sur ces ouvrages de fées, elles n'arrivent pas à se libérer vis-à-vis des fournisseurs; il est vrai qu'elles ont le plaisir d'étaler leurs toilettes sur la place du village ou dans les rues de la ville les dimanches et jours de fête. Il existe aussi un système déplorable : celui des magasins qui livrent des robes, des jaquettes, des chapeaux contre des paiements partiels à plus ou moins longue échéance, de sorte que les vêtements sont défraîchis ou usés avant même d'avoir été payés.

Et que dire des jeunes filles qui, ne gagnant rien elles-mêmes, exploitent la faiblesse complaisante de leurs parents? Que de raisonnements elles entassent pour démontrer que *tout le monde* a des costumes d'un certain genre, que *personne* ne porte des chapeaux de l'année dernière, et l'on cite les vastes collerettes ou les tours de cou en fourrure de la petite voisine, les jupons de soie et les bottines mordorées de l'ancienne camarade de classe. Les câlineries, les bouderies, les scènes de pleurs, tout est bon pour obtenir ce que l'on souhaite avec une ardeur exagérée. Et la mère, afin de voir sa fille contente, se privera de quelque objet de première nécessité; le père fera des heures supplémentaires à l'atelier, ou cherchera du travail en dehors de sa besogne quotidienne du bureau, et aux groupes des promeneurs endimanchés se joindra une fois de plus le *trio* bien connu : la mère en bonnet blanc, et en antique caraco noir, le père couvert de vêtements grossiers, marchant tous deux derrière leur *demoiselle* toute pimpante sous ses atours à la dernière mode. Rien ne me paraît choquant comme ce contraste; le plaisir manifeste des parents, qui jouissent de la vue de leur fille bien parée, ne suffit pas à me le faire accepter; et j'ai toujours jugé sévèrement l'enfant qui, à défaut de cœur, n'a pas assez de tact pour sentir que ces disparates ne devraient jamais exister dans les familles.

On ne remonte pas les courants, et on ne reviendra pas aux coutumes d'autrefois, à ces catégories sociales, dont le costume était la marque visible, mais pourtant il serait bon que chacun s'habillât selon sa condition et surtout selon ses moyens.

Vous, dont la bourse n'est pas bien remplie, laissez les fanfreluches coûteuses et de peu de durée aux élégantes qui peuvent remplacer ces objets de fantaisie, dès qu'ils ont perdu leur charme de fraîcheur et de légèreté; sachez vous contenter de bonnes étoffes résistantes, de couleurs modestes et solides, ayez des manteaux chauds, sur lesquels la pluie glissera; et gardez-vous de ces *dernières créations*, de ces *occasions exceptionnelles* annoncées à grand fracas dans les journaux et les catalogues, et dont l'élégance tapageuse jurerait avec le reste de votre ajustement. Adoptez pour vos chapeaux de ces honnêtes rubans que personne ne remarque; on peut les tourner et les retourner à l'infini, y ajouter, selon la saison, un ornement qui renouvelle la coiffure en l'égayant un brin. Affranchissez-vous de ce culte irréfléchi de la mode qui n'est qu'un sot esprit d'imitation; évitez les excentricités, les bizarreries qui attirent les regards; que le goût, le sens de ce qui convient à votre âge, à votre caractère, à votre situation, dirigent vos moindres choix.

Enfin, sur toutes choses souvenez-vous des préceptes excellents de l'apôtre, qui s'appliquent aux jeunes filles d'à présent aussi bien qu'à celles des premiers temps de l'Eglise chrétienne : la parure intérieure, l'esprit doux et paisible sont des trésors d'un prix inestimable; recherchez-les et vous ne connaîtrez plus ces tourments de la vanité qui font tomber dans des fautes de toutes sortes, et vous contribuerez au bonheur de vos familles, au lieu d'être pour elles un souci perpétuel.

Fanny André.

LA TOILETTE DE NOS FILLES

Un journal pour les femmes, écrit par des femmes, doit-il laisser de côté la question de la toilette? A cette question importante au point de vue matériel s'en rattachent tant d'autres d'un ordre supérieur, qu'il y a, me semble-t-il, un intérêt moral à s'en occuper.

Pour nous, mères de famille absorbées par les devoirs et les préoccupations qu'apporte la maternité, nous n'avons ni le temps ni l'envie de penser beaucoup à notre toilette; le mot d'ordre donné aux femmes qui nous habillent est toujours le même : convenance et simplicité.

Mais la toilette de nos filles ne se règle pas ainsi en deux mots. Tout conspire pour compliquer les choses et rendre notre tâche difficile en cette matière : les domestiques qui ont le talent des compliments à bout portant et qui à chaque robe neuve de nos fillettes s'écrient : « Oh! la belle robe! comme vous êtes jolie aujourd'hui! » Les couturières avec leur amour des floritures, leurs petits jugements dédaigneux : « ça ne se fait plus du tout; ça n'aurait pas assez de cachet, » et leurs insinuations suggestives : « Mademoiselle est faite pour la robe princesse; avec la tournure de Mademoiselle le corsage du jour irait divinement bien. » Les petites amies qu'on rencontre aux cours ou en visites, les conversations de tant de femmes frivoles, pour qui les chiffons sont la grande affaire de la vie, les étalages des magasins, les journaux de mode, que sais-je encore? l'air du temps, le siècle, ce pauvre siècle, dont la fin doit expliquer tant de choses qui vont mal ?

Ce qui est positif, c'est que la toilette des femmes est plus généralement élégante que par le passé et qu'il est plus difficile de réagir contre le courant, aujourd'hui qu'il y a trente ans.

Soyons d'autant plus fermes, d'autant plus vigilantes et ne nous lassons pas dans nos efforts pour inculquer à nos filles l'habitude et le goût de la simplicité. Ne nous figurons pas qu'il suffise pour arriver à ce résultat d'imposer un certain genre d'habillements : la simplicité de commande est une chose extérieure qui peut n'être que passagère. On affirme que parmi les élèves de la Légion d'Honneur que l'on affuble, sous prétexte de simplicité, de costumes aussi laids que bizarres, le plus grand nombre n'ont qu'un désir au sortir des établissements où on les a élevées : porter de jolies toilettes bien modernes. Je ne conseillerai à aucune mère d'essayer du système de St-Denis ou d'Ecouen. C'est l'esprit qu'il s'agit de discipliner, et ce n'est pas en provoquant une révolte du goût féminin qu'il faut commencer cette éducation spéciale. N'empêchons pas nos filles de choisir des formes seyantes et des nuances agréables à l'œil, mais apprenons-leur dès la plus tendre enfance que le costume ne donne aucune valeur à la personne et enseignons-leur à n'accorder à la toilette que tout juste la part d'attention qu'elle mérite. Qu'elles sachent braver la grimace dédaigneuse de la couturière, se mettre au-dessus des airs méprisants des petites amies et qu'elles osent, à l'occasion, faire autrement que « tout le monde. »

Montrons-leur les résultats déplorables de la

vanité qui rétrécit l'esprit et le cœur, qui engendre les petites jalousies mesquines, les rivalités misérables ; ne craignons pas de leur dire qu'une des causes les plus fréquentes de désunion dans les ménages, ce sont les goûts de luxe des femmes, les dépenses exagérées, les dettes inavouées ; mettons-les en garde contre cette tendance si fréquente de nos jours à économiser sur les choses utiles, le linge, les vêtements chauds, l'ordinaire de la famille, la nourriture des domestiques, pour mettre le plus d'argent possible à ce qui se voit, à ce qui fait de l'effet.

Faisons-leur comprendre aussi qu'elles ont un exemple à donner, qu'on les regarde et que peut-être on les imite. Je n'aimerais pas que l'une de mes filles, en voyant passer étendues dans leurs landaus des élégantes aux toilettes somptueuses, étudiât avec un soupir de convoitise tout ce grand luxe étalé, mais je n'aimerais pas davantage la pensée que la vue de mes filles a fait naître ce même soupir d'envie chez la petite ouvrière qui les coudoie sur le trottoir ou qui s'assied derrière elles à l'Eglise.

Ce n'est pas, certes, que je sois choquée de la similarité des costumes, et je ne regrette pas comme certaines vieilles gens de ma connaissance la disparition des lois somptuaires, mais je sais trop où mènent les robes coûteuses et les chapeaux mirobolants arborés le dimanche par tant de jeunes filles et de jeunes femmes. Sans parler de certaines chutes irrémédiables qui ont eu pour cause première l'amour de la toilette, je pense à toutes ces familles d'ouvriers et de petits employés, qui n'hésitent pas à mettre leurs vieux parents à l'hospice et qui, au moindre chômage, à la première maladie se hâtent de réclamer des secours, et je me rappelle l'exclamation qui accueille ces demandes dans les comités : « Comment? ce n'est pas possible ! Les ••• ! qui s'en serait douté? Les filles sont si bien mises? »

Habituons aussi nos filles à s'affranchir de l'esclavage de la mode. Je n'entends pas par là prêcher l'excentricité ; non, je ne conseille à personne les tenues bizarres qui font sourire les passants.

Mais combien n'y a-t-il pas de femmes qui se croiraient presque déshonorées, si elles se montraient avec une robe de l'an passé, et qui s'imposent des travaux considérables pour accommoder le costume à la dernière mode du jour? Certes, personne n'admire plus que moi les miracles accomplis par l'industrie des mères de famille, et je peux bien vous confier tout bas que je suis moi-même très fière, lorsque j'ai transformé une vieillerie méprisée et mise au rebut en un costume présentable pour moi ou l'un des miens. Mais les changements inutiles, mais les broderies interminables, mais les dentelles sur lesquelles on s'abîme les yeux, que d'heures précieuses ne représentent-ils pas? Comme on pourrait mieux employer son temps, soit en lectures profitables, soit en œuvres utiles : leçons aux enfants qui ne peuvent pas payer des maîtres, visites à des malades, travaux de toute nature ayant le prochain pour objet! Donnons un but utile et sérieux à l'activité de nos filles et elles ne regarderont plus comme un malheur de s'en tenir à la mode de la veille ou de l'année écoulée. Et puis, habituons-les au soin. Est-il rien de plus déplaisant qu'une jeune fille à la robe tachée et décousue, une jeune fille qui ne raccommode pas ses gants et qui met une épingle pour retenir un volant ou remplacer un bouton?

Dans l'éducation moderne, malgré les déclarations magnifiques des programmes et des discours officiels, il y a une tendance à détrôner l'outil si cher à nos mères, la pauvre petite aiguille. Vous verrez dans *l'emploi du temps* des lycées et collèges quelques heures consacrées aux travaux de femmes et elles le sont en effet; on enseigne à coudre à nos filles, on leur enseigne même la coupe et la confection. Seulement, quand nos enfants rentrent à la maison, elle sont surchargées de travaux écrits, et presque toujours, c'est la mère qui remplace le dessous de manche usé, qui reprise le volant déchiré, et remet une bordure à la jupe effrangée; eh bien, je trouve que c'est un tort et nous devrions avoir le courage d'imposer à nos filles ces petits travaux, leur jeudi en fût-il un peu gâté parfois.

On me reprochera peut-être de me contredire moi-même, de dire à une colonne : « Faites ceci » et à la colonne suivante : « Non, ne le faites pas. » Il n'en est rien. La grande affaire ici comme pour tant d'autres questions complexes, c'est de chercher le juste milieu et de s'y tenir, quand on l'a trouvé.

La toilette de nos filles est, au pied de la lettre comme au figuré, une question de nuances. Il ne dépend que de nous de les leur faire saisir. Donnons-leur plus encore que des principes, donnons-leur un exemple fidèle, invariable, et elles comprendront la supériorité de la femme sérieuse sur la poupée frivole, qui n'est vraiment à sa place que dans une salle de bal.

F. A.

III

GRANDES HÉCATOMBES

LES

VICTIMES DU TRAVAIL

« C'est à la sueur de ton visage que tu mangeras du pain. » Et ce fut une grande preuve de son amour pour l'homme que l'Eternel lui donna en le soumettant après la chute à cette loi du travail rédempteur. Mais cette bénédiction est devenue, par le fait de notre égoïsme, une malédiction pour la femme. Jamais peut-être sur les épaules d'une créature humaine anathème ne pesa plus douloureusement. Certes, de tout temps la femme a été la grande sacrifiée et, par son dur labeur s'est, dans bien des cas, tandis que son seigneur et maître se

15

reposait, substituée à l'homme dans la production des objets de consommation ; mais à aucune autre époque, et dans aucune autre civilisation, elle n'a été détournée de l'accomplissement de ses devoirs naturels, par suite des nécessités économiques, dont elle est la victime, comme de nos jours.

Il y a près d'un demi siècle que Jules Simon écrivait *l'Ouvrière* pour attirer l'attention publique sur la situation intolérable faite à la femme dans l'industrie. Sans doute, ce livre est à refaire pour remettre à point les arguments et rajeunir les faits, mais la thèse dont il est le développement reste toujours la même en sa navrante vérité. Je ne nie pas que certains progrès n'aient été réalisés. Mais je me demande si, à le bien prendre, ces progrès plus apparents que réels n'ont pas été de simples changements plutôt que des améliorations. Et notamment c'est une question qui n'a pas encore été résolue d'une façon définitive de savoir si la fameuse loi, qui a pour but de protéger la femme contre un travail excessif, ne lui a pas été plus nuisible qu'utile. Pour moi, je ne crois pas que la situation de la femme, au point de vue économique, soit de beaucoup supérieure à ce qu'elle était auparavant, je serais même tenté de croire que dans son ensemble elle a empiré. L'avènement de la grande industrie et toutes les conséquences qui en ont découlé ont été néfastes à la femme. Jusque là, en effet, l'homme était l'ouvrier, l'artisan ;. le machinisme — dont je ne veux certes pas faire le procès — a saisi la femme dans son engrenage comme il a saisi l'enfant et en a fait un instrument de production intensive. Et avec la grande industrie et le machinisme sont arrivés le grand commerce et l'augmentation générale du bien-être et de la richesse, et pour satisfaire tous les goûts qui sont éclos aussi rapidement que des champignons après l'orage, la femme a dû se soumettre à un travail exténuant, qui ne lui a pas rendu, sous forme de salaire, l'équivalence des forces qu'elle dépensait, et l'a placée de cette façon dans des conditions d'infériorité très marquée vis-à-vis de l'homme.

Pour démontrer et pour étayer cette thèse générale, j'aurais besoin d'un volume. Les faits et les chiffres abondent. Ils remplissent des enquêtes, des rapports volumineux. Les reproduire, même en les résumant, exigerait un espace dont je ne puis pas disposer. Je me contenterai donc de poser des conclusions qui sont le résultat d'une très longue expérience, de nombreuses lectures et d'observations personnelles faites dans des milieux exceptionnellement favorables à de pareilles études. Or, ces conclusions, contre lesquelles s'élèveront ceux-là seulement qui ont intérêt à les combattre et ceux qui n'ont jamais essayé de se rendre compte des faits, les voici en peu de mots : La femme qui est obligée de travailler en dehors du foyer domestique, et souvent aussi dans le foyer, est, règle générale, dans l'impossibilité radicale de rendre, comme ce serait sa mission, son maximum d'utilité sociale en atteignant son maximum de développement (1).

Les salaires, en effet, qu'elle touche, sont insuffisants pour son entretien et ne lui permettent pas de se procurer le minimum de choses matérielles. — Je ne parle pas, hélas! des jouis-

(1) Je prierai les esprits plus prompts à la généralisation qu'à la réflexion d'observer que, dans certains cas, je le reconnais volontiers, le travail de la femme est rationnel, raisonnablement payé et ne saurait nuire à la santé de celle qui s'y livre. Mais suffit-il de deux ou trois brebis blanches dans une bergerie pour autoriser le berger à croire qu'il garde un troupeau blanc? On ne fait pas de règles avec des exceptions; on les confirme.

sances morales et intellectuelles nécessaires à
son existence. — Si l'on fait exception, en effet,
pour quelques métiers où la femme gagne des
appointements au moins égaux sinon supérieurs
à ceux de l'homme, on peut affirmer que dans
la grande généralité des cas elle ne parviendrait
pas à se suffire, si elle voulait vivre d'une
façon rationnelle et normale. Son salaire ne
représente jamais qu'un appoint, un supplément
de gain qui lui permet de vivre, parce qu'elle
profite des avantages que lui offre la vie en
commun dans la famille. Mais elle vit en
parasite, en somme, prenant plus qu'elle
n'apporte, en tout cas prenant quelque chose
qu'elle n'a pas gagné et par conséquent vivant
au détriment des autres. Mais supposez une
femme seule, elle n'a pas de parents ou vit
loin de sa famille. Elle travaille dans les mines,
dans les ateliers de tissage, de passementerie,
de lacets, dans les filatures de soie ou de coton,
elle a un chez soi, elle est obligée de tout
acheter, de tout payer : nourriture, vêtement,
logement ; calculez son salaire annuel moyen,
en tenant compte des jours de maladie, fréquents
chez la femme, du chômage, et vous serez
obligé de convenir que, si l'homme peut tirer

de son travail, tout en restant célibataire et vivant de la vie coûteuse du célibataire, ses moyens d'existence, il n'en va pas de même pour la femme qui se trouve dans la nécessité de parfaire son salaire par un travail supplémentaire.

Songez donc, en effet, que la moyenne des salaires pour la femme ne dépasse pas 450 francs par an et demandez-vous par suite de quel prodige de savoir faire, d'économie, la pauvre ouvrière peut se tirer d'affaire. Elle n'y arrive qu'à la condition de s'organiser une existence qui n'a rien de commun avec celle de l'ouvrier; une existence qui est un long effort de la pensée pour distinguer entre les différentes privations, auxquelles elle est tenue, celles qui sont le moins préjudiciables à sa santé. L'ouvrier, lui, vit au restaurant, à la pension dans une famille, il a une chambre si bon lui semble pour lui seul, il fume, va au café, se permet d'autres plaisirs grossiers qu'il paye, et qu'il paye très cher, et, somme toute, aussi longtemps qu'il est en bonne santé il gagne pour vivre et pour bien vivre, s'il n'est pas marié. L'ouvrière, elle, ne peut vivre ni dans une pension de famille, ni dans un restaurant; elle ne peut se permettre aucune dépense de luxe. Où prendrait-elle l'argent, si elle devait, dans son budget, faire une place aux dépenses de tabac, de café ou d'autres plaisirs plus grossiers? Sans doute, nous ne demandons pas que la femme se mette à fumer ou à boire, nous disons simplement que tout luxe — et il y a cependant un certain luxe, un certain superflu qui est indispensable — lui est interdit. Pire encore : l'ouvrier se fait raccommoder, laver, coudre ses vêtements; la femme avec son salaire est dans l'impossibilité d'agir de même. Elle ne peut joindre les deux bouts qu'à la condition, sa journée terminée, de se remettre à l'ouvrage et de travailler, quelquefois très tard dans la nuit, à des travaux d'aiguille en vue de son usage personnel, que son maigre salaire ne lui permet pas de faire faire ailleurs. Et pourtant, si nous tenons la femme pour une créature au même titre que l'homme, ne devons-nous pas lui reconnaître, comme à l'homme, le droit de recevoir en échange de son travail une quantité de produits suffisante pour mener un genre de vie, non pas semblable à celui de l'homme, mais exigeant les mêmes dépenses.

Eh bien! ce droit la femme ne le possède pas. Son salaire n'est que le minimum de ce dont

elle a besoin pour ne pas mourir de faim.
Aussi, économiquement parlant, la femme est-
elle esclave ; elle ne s'appartient pas, puisqu'elle
ne peut pas, malgré sa meilleure volonté, se
suffire à elle-même par un travail normal pro-
portionnel à ses forces et qu'elle est obligée
pour vivre de se livrer à un travail supplémentaire au détriment de sa santé et de son
développement intellectuel et moral, puisqu'elle
est obligée d'entamer son capital et d'user
l'instrument dont elle se sert, pour gagner son
pain quotidien sans pouvoir remplacer l'usure.

Je ne puis pas, on le comprendra, dans ce
volume consacré aux jeunes filles, entrer dans
des détails précis au sujet du travail des femmes
et de l'insuffisance de leur salaire, mais je puis
cependant attirer l'attention sur les demoiselles
de magasin, dont les occupations sont excéden-
tes et si peu rémunérées, qu'elles sont obligées,
pour s'habiller convenablement et même avec
une certaine recherche, comme on l'exige, soit
de prendre sur leur nourriture, soit de demander
à la vie irrégulière le supplément de dépenses
dont elles ont besoin. Dans beaucoup d'ateliers
les jeunes filles sont à la merci du contre-maître
ou du patron. Les lingères, les couturières, les

modistes, les ouvrières de ces mille et une industries qui concernent la toilette des femmes ou les objets compris sous le nom d'industries parisiennes, sont dans des situations analogues et quant à celles qui travaillent en chambre, dans leur mansarde, elles consacrent 15 à 18 heures sur 24 pour gagner 1 franc ou 1 fr. 25 par jour. On connait « la chanson de la chemise. » Elle n'a rien perdu de son actualité. On pourrait composer la chanson de n'importe quelle autre partie du costume ou la chanson du jouet et la rendre aussi douloureuse, tout en restant dans la plus stricte vérité.

Tout ce que nous avons dit ne concerne que les jeunes filles. Mais il est de la dernière évidence que la veuve et la femme abandonnée par son mari, qui restent avec des enfants en bas âge, sont incapables de faire sortir une journée suffisante pour leur entretien de ménage. Les bureaux de bienfaisance et les œuvres privées sont là pour fournir le supplément nécessaire. Il faut avoir vécu dans la classe ouvrière pour se rendre compte de la situation lamentable faite à la femme dans le commerce et l'industrie. Il faut toute l'habitude que nous avons de passer journellement à côté des grandes infortunes et des révoltantes iniquités pour rester indifférents devant un état de choses qui n'est qu'une des manifestations les plus répugnantes de l'égoïsme masculin et une application du fameux *væ victis,* malheur aux vaincues, parce qu'elles sont les faibles.

Voici, du reste, un exemple — car il est inutile de les multiplier : — Dans le bassin houiller de la Loire, les femmes employées au triage du charbon sont payées à raison de 1 fr. 50 par jour. On leur retient sur cette modique somme 0 fr. 12 et demie pour les frais de caisse. Il leur reste donc 1 fr. 37, soit un salaire annuel moyen de 386 fr. 40. En supposant qu'elles passent 280 journées par an, chiffre qui est au-dessus de la moyenne, et quand elles sont malades ou blessées, elles reçoivent une indemnité de 0 fr. 50 par jour.

Si les femmes qui liront cette étude ont un peu de bon sens et de cœur, comme j'en suis convaincu, elles n'ont pas besoin que je commente ce fait pour leur montrer les infortunes qu'il révèle.

On ne voit guère, dans ces conditions, comment la femme pourrait remplir ses devoirs, réaliser sa destinée. Sa dépendance économique la met dans l'obligation de mener une vie terre à terre, de ne se préoccuper que de ses intérêts matériels, ou plutôt de la satisfaction de ses besoins les plus primordiaux. D'autant plus que le travail de la femme, dans les conditions actuelles où il s'accomplit, crée chez la femme une mentalité de tout point défavorable à sa moralité et au développement de ses forces affectives. Non seulement il rend à peu près impossible la vie de famille, non seulement, en prenant de bonne heure la jeune fille dans son engrenage, il l'empêche de se préparer en vue du mariage et des devoirs qui en sont la conséquence, non seulement il transforme le foyer en une sorte de pension alimentaire, où l'on se rend aux heures des repas et du sommeil, pour passer le reste du temps au cabaret ou sur le pas de la porte, ne sachant que faire de ses bras et de ses mains qui n'ont pas l'habitude des travaux du ménage, mais il crée chez la femme des habitudes garçonnières, lui fait adopter le langage et souvent la manière de voir et d'agir de l'homme; il isole la jeune fille, la jette dans un milieu où elle ne tarde pas à perdre tout sentiment de pudeur, tout respect d'elle-même, toute délicatesse, toute

pureté de cœur, toute grâce féminine et l'expose
à des tentations auxquelles elle résiste diffici-
lement. Et quand la jeune fille qui a passé
quelques années dans l'atelier, dans l'usine ou
dans les magasins se marie, elle est incapable
de fonder un foyer, c'est-à-dire un centre très
doux, très intime, où l'on se sent bien, parce
que tout y est organisé en vue de l'affection et
du repos, auquel on a droit après les luttes de
la journée. Il est impossible, en effet, de se
représenter l'incapacité de la jeune ouvrière en
tant que ménagère. Elle est au-dessous de zéro,
sauf de respectables exceptions. Elle ne sait
ni coudre, ni racommoder, ni tricoter; elle n'a
ni goût, ni ordre, ni talent culinaire. Elle est
obligée d'acheter constamment du neuf, et de
faire de la charcuterie la base du repas de
famille. Le travail de l'atelier pour la femme,
c'est la négation du foyer et de la famille; c'est
la femme oisive, désœuvrée, en dehors de son
travail; c'est le mari dégoûté de son intérieur
devenant l'habitué des cafés, et ce sont les
enfants dans la rue.

Ici nous rencontrons la grande objection que
présentent les esprits animés des meilleures
intentions, mais doués d'un de ces daltonismes

intellectuels, qui les font presque confondre avec les aveugles : Pourquoi, nous dit-on, les femmes ne restent-elles pas au foyer? Assurément elles ne demanderaient pas mieux que d'y rester, et je vous prie de croire que ce n'est pas par amour de l'art qu'elles vont s'enfermer 10 à 12 heures durant dans une manufacture ou une filature, mais donnez leur donc des rentes et je vous assure qu'elles seront enchantées de vaquer aux soins du ménage. Or, comme ces rentes elles les attendront longtemps encore selon toute probabilité, souffrez qu'elles gagnent au moins le morceau de pain que réclame leur estomac. Il est évident que l'idéal serait que le mari, le père, gagnât suffisamment pour nourrir sa femme et ses jeunes filles, jusqu'à ce que celles-ci se marient. Malheureusement il y a loin de la coupe à la lèvre. Il faut donc que la femme travaille, jeune ou vieille fille, pour se suffire, épouse, pour apporter le supplément de salaire que réclame l'entretien de ses enfants. Je sais que cette dernière fait un faux calcul, et qu'elle aurait plus de profit à tenir son ménage avec soin et à raccommoder les fonds de culotte de ses enfants, mais tout cela est de la théorie, théorie que confirment les faits, l'expérience, mais il faudrait le faire comprendre à la femme et c'est difficile. En tout cas, en admettant que la femme en puissance de mari pût se dispenser d'aller à l'atelier ou à l'usine, restent encore toutes les femmes qui n'ont pas de mari, et celles-là sont légion et deviennent de plus en plus nombreuses, puisque le nombre des vieilles filles augmente chaque jour et fait, du reste, concurrence aux femmes qui travaillent déjà en avilissant le prix de la main-d'œuvre.

Et le remède, me demanderez-vous? Le remède? à vrai dire, je n'en connais pas de radical. Deux mesures peut-être pourraient, jusqu'à un certain point, pour les femmes, atténuer les effets désastreux du travail, dans les conditions actuelles où il se poursuit : il faudrait d'abord transformer la mentalité de nos jeunes gens et leur inculquer le goût du mariage qu'ils ne paraissent pas avoir. De ce chef un certain nombre de femmes trouveraient au foyer une occupation qui les affranchirait du travail à l'extérieur et diminuant d'autant la main-d'œuvre féminine en augmenterait le prix.

Et c'est ici, en effet, la mesure la plus efficace qu'il faudrait prendre pour transformer le travail de la femme, qui est actuellement une cause d'esclavage, en un travail libérateur : à travail égal salaire égal. Il est hors de doute que si le salaire de la femme était plus élevé, celle-ci ne serait pas astreinte à des occupations supplémentaires qui l'écrasent et ne lui laissent pas un instant de liberté. Mais là est précisément la difficulté. Comment réaliser cette réforme économique? Les syndicats n'ont trouvé d'autre moyen que de chasser la femme de l'atelier et de la jeter par cela même dans l'inconduite, car enfin, pour si maigre que soit le salaire de la femme, il permet encore à celle-ci de vivre honnêtement en souffrant. D'autres ont demandé que les prisons, les orphelinats, les refuges, les couvents et les maisons de relèvement ne fussent plus autorisées à travailler pour le dehors, car les pensionnaires de ces établissements peuvent travailler à un prix dérisoire qui rend impossible toute concurrence. La mesure serait excellente, mais sa portée serait bien faible et n'aurait pas de conséquences appréciables.

Et alors, me demanderez-vous, quelle est votre conclusion? Elle est navrante et je dirai volontiers avec l'Ecclésiaste : « Ce qui a été, c'est ce qui sera, et ce qui s'est fait, c'est ce qui se fera », à moins que les hommes et les femmes ne prennent enfin au sérieux la religion de Jésus, qui consiste avant toute chose à mettre son bonheur dans le bonheur d'autrui et à faire passer dans les mœurs et les institutions, dans le commerce et l'industrie, un peu de cette justice et de cet amour fraternel, dont nous parlons beaucoup et que nous pratiquons si peu. En attendant ces jours nouveaux, que vous ne verrez pas, sans doute, mais dont l'espérance doit nous enchanter, tâchez que le salaire des ouvrières qui travaillent directement pour vous, qui entretiennent vos maisons, qui lavent vos planchers et cousent vos robes ne crie pas contre vous et que les cris de celles qui se tuent à la peine et perdent la vue dans des travaux d'aiguille destinés à vos toilettes ne parviennent pas jusqu'aux oreilles « du Seigneur des armées ».

L. COMTE.

LES

VICTIMES DE L'INSTRUCTION.

On croyait autrefois que tous les vices de l'homme étaient le résultat de sa seule ignorance, et on s'imaginait qu'il suffirait de l'instruire, pour qu'à l'instant il devînt parfait. « La vertu, c'est la science », disait Socrate, et James Mill : « Tout serait sauvé, si le monde savait lire. » Eh bien ! nous l'avons eue, l'instruction universelle, dans tous nos pays civilisés. En France principalement, on n'a rien épargné pour la répandre : à coup de millions, on a fait surgir du sol des écoles innombrables et superbes; des lois généreuses ont contraint les enfants à s'y asseoir; des maîtres plusieurs fois brevetés leur ont patiemment distillé la science..... Et quels ont été les fruits de tant d'efforts et de sacrifices? Hélas! nos maladies morales n'ont pas été guéries, ni même soulagées. Loin de décroître, les crimes, les suicides, les délits de toute espèce n'ont cessé d'augmenter dans d'effrayantes proportions. Ce savoir prestigieux sur lequel on avait fondé de si belles espérances a failli à toutes ses promesses; et non seulement il a trompé notre attente, mais encore il est devenu une plaie sociale nouvelle. Au lieu de préparer des hommes vertueux, il n'a fait que des névrosés et des déclassés.

J'aurais dû mettre névrosées et déclassées, puisque je m'occupe des jeunes filles, mais je ne pouvais leur laisser croire que le sexe masculin ait échappé à cette double infortune. Il a été frappé le premier et très rudement. Il est vrai que les femmes sont en train de rattraper le temps perdu et qu'elles tendent aujourd'hui à fournir à l'instruction le plus grand nombre de ses victimes (1). On ne s'en étonnera point,

_____

(1) En 1896, ont été reçus au brevet simple 4.200 hommes, et 11.000 femmes. Le certificat d'aptitude au professorat des écoles normales et des écoles primaires supérieures a été conquis, la même année, par 21 hommes et 28 femmes, pour les lettres; 19 hommes et 25 femmes, pour les sciences; 16 hommes et 18 femmes pour les

si on songe à leur faiblesse physique, qui les prédispose à l'épuisement, et à leur infériorité sociale qui les écarte de l'administration et d'une foule d'emplois civils.

L'organisation de la femme est en général délicate, et sa débilité native est encore aggravée par l'hygiène absurde que de ridicules convenances lui imposent. Il est entendu qu'elle doit fuir les exercices violents, seuls capables de la fortifier. Il serait malséant qu'elle courût dehors, au grand air, dans la rue ou dans la campagne; il faut qu'elle s'habitue, dès son jeune âge, à vivre à la maison, dans une atmosphère confinée et malsaine, où sa santé se gâte. Après cela, comment aurait-elle assez de vigueur pour résister à la fatigue intellectuelle? — D'autre part, douée d'un esprit alerte et curieux, possédant un amour-propre très vif et même un brin de vanité, elle s'adonne à l'étude avec une remarquable ardeur. Ne faut-il pas réussir, se distinguer, éclipser les rivales? Et ces dernières sont légion; à tous les examens et à tous les concours, elles se pressent en rangs serrés; les

langues vivantes; 7 hommes et 24 femmes, pour le dessin; 11 hommes et 43 femmes pour le chant; 23 hommes et 31 femmes, pour le travail manuel.

moindres diplômes, les plus modestes places doivent être conquis de haute lutte, en des batailles acharnées. La femme était frêle, et la voilà qui se surmène. — Ajoutez que l'âge où se préparent les examens est pour le corps la période la plus critique, celle où il grandit et se forme, et où il réclame, par suite, les plus attentifs ménagements. Or on choisit ce moment pour l'enfermer de longues heures, parfois presque tout le jour, dans d'étroites salles d'école, pour le courber, en des poses pernicieuses, sur des livres et des cahiers ; quand il lui faudrait de l'espace, du mouvement, de l'oxygène. A peine consent-on à lui accorder, en des cours haut murées, de très brèves récréations, où il faut encore être sage ! C'est miracle qu'il y survive et qu'on voie encore de par le monde tant de gracieuses et fortes jeunes filles.

Malheureusement, cela ne peut durer. Si nos errements pédagogiques devaient continuer longtemps, leurs fâcheux résultats, accumulés par l'hérédité, finiraient par tuer notre nation. C'est un fait acquis à la science qu'une mère épuisée transmet à ses enfants une constitution débile ; et si le surmenage persiste pendant quelques générations, notre race, de plus en

plus affaiblie, ne peut manquer de disparaître.
Il est vrai qu'en dépit des prévisions les mieux
établies, l'avenir demeure toujours un peu
incertain, et des sceptiques pourraient sourire
de nos sinistres prophéties. Mais le présent est
déjà fort lugubre. .Qui n'a pu observer des
candidates à l'un de ces nombreux examens
que notre époque a multipliés? A leur aspect,
le cœur se serre : maigres, pâles, anémiées,
elles sont si faibles qu'un rien les abat ; elles
paraissent marcher moins à la recherche d'un
diplôme qu'à la rencontre de la mort. Combien
succombent? combien d'autres, ayant résisté,
demeurent myopes, voûtées, déformées, sans
vigueur et sans grâce? Quelque béotien prendrait peut-être son parti de leur beauté perdue ;
mais comment se consoler de leur santé com-
promise?

Encore si elles pouvaient se reposer et se
refaire, une fois les parchemins conquis! Mais
pour celles qui entrent dans l'enseignement,
c'est le labeur acharné qui continue. Chaque
jour, six heures de classe et souvent plusieurs
heures d'étude, sans compter les leçons particulières, la préparation personnelle et les
examens nouveaux à subir. Est-ce là un régime

qui puisse calmer et détendre des nerfs déjà surexcités? Miss Frances Low a fait récemment une enquête auprès des institutrices anglaises, qui a révélé des faits navrants (1). Une d'elles lui écrivait : « Après quelques années de travail, notre santé est toujours plus ou moins ébranlée....., aucune de mes collègues n'est absolument indemne de la névrose ». Sans doute, ce sont là les fruits des écoles ou pensions privées, et il se peut que notre enseignement public impose à ses fonctionnaires de moins lourdes fatigues. Mais cette situation relativement heureuse est en train de se modifier. Ne faut-il pas lutter contre les établissements congréganistes? Ne faut-il pas satisfaire les exigences de parents égoïstes, qui voudraient laisser leurs enfants à l'école du 1er janvier au 31 décembre, et chaque jour, de l'aube jusqu'à la nuit? Ajoutez les cours d'adultes et les patronages sans nombre qu'on a bien raison de fonder, mais dont on abandonne au corps enseignant presque toute la charge. Encore quelques années et l'on pourra dire des institutrices de France comme

(1) Voyez *Revue Bleue* du 20 mars 1897 : l'intellectuelle pauvre à Londres.

de celles d'Angleterre qu'elles sont des victimes offertes à la neurasthénie.

Cette déchéance physique est d'autant plus triste qu'elle tend à provoquer de graves désordres moraux. Les anciens avaient déjà remarqué qu'une âme saine ne peut guère habiter que dans un corps sain, et nos modernes sociologues ont établi que l'armée du crime et du vice se recrute surtout parmi les dégénérés. Cela se comprend sans peine. Comment la volonté commanderait-elle à un corps déséquilibré? Ainsi la moralité est solidaire de la santé, et dans la mesure où l'instruction affaiblit le corps de la femme, elle prépare sa corruption.

Elle travaille d'ailleurs à perdre son âme par des voies plus directes et plus sûres. Au lieu d'élever son cœur et de tromper sa conscience, elle exalte ses convoitises et sa vanité. On accable de compliments la jeune écolière, dès qu'elle sait une leçon; on s'extasie sur son maigre bagage intellectuel ; on lui répète sur tous les tons que la science mène à tout, qu'elle ouvre les carrières les plus lucratives et les plus nobles; et sur la foi de ces promesses, elle se représente les diplômes comme les portes magiques d'un monde merveilleux. C'est l'affranchissement du labeur matériel, c'est l'aisance et le luxe, c'est la considération sociale et le titre envié de demoiselle. A cette charmante perspective, son imagination s'enflamme, et elle se bâtit des châteaux en Espagne, où elle s'établit dans l'or et la soie, ivre d'orgueil et de plaisirs. Elle oublie tout ce qui fait la vie sainte et grande, le devoir, Dieu, le ciel (1); tout son être est tendu vers les jouissances inférieures. C'est pour elles qu'elle étudie, c'est à elles qu'elle rêve : elles constituent son idéal. — En attendant qu'elle puisse le réaliser, nos sages méthodes pédagogiques la débarrassent de tous les scrupules qui seraient capables de l'arrêter sur la pente funeste où elle glisse. Après lui avoir offert les biens charnels comme prix de ses efforts, on fait appel à l'émulation pour l'exciter au labeur. On l'habitue à considérer l'école comme un champ de bataille et ses camarades comme des ennemies. Ce ne sont pas des compagnes qu'elle doive aimer, mais des concurrentes qu'il lui faut combattre. Remporter sur elles la victoire dans les concours, tel

(1) Une jeune élève d'école normale disait tranquillement, sur un ton de parfaite suffisance : moi, je ne crois pas en Dieu, je n'en ai pas besoin.

sera son objectif. Elle se persuade que l'existence est une lutte impitoyable qu'il faut
poursuivre sans faiblesse, si l'on ne veut pas
succomber.

Avec un pareil état d'esprit, que peuvent
devenir ces malheureuses jeunes filles? Toutes
ne sauraient conquérir des diplômes; elles sont
trop. 20.000 aspirantes se présentent chaque
année au brevet simple (1); on en refuse environ
la moitié. Le concours pour l'école normale de
la Seine réunit 400 à 500 candidates, et 25
seulement sont admises. Ainsi partout. Quel
sort attend les vaincues? Parmi les triompha-
trices elles-mêmes, un grand nombre doivent
rester sans place. Notre enseignement public
ne peut absorber de tels bataillons (2). Où vont

(1) Il y a eu, en 1890, 18.153 aspirantes, dont 9.722 ont
été admises, et en 1896, 20.328 candidates et 11,245
reçues.
(2) Les nominations d'institutrices, faites par les
préfets, ne sont pas totalisées au Ministère. D'après le
chiffre des admissions à la retraite, des destitutions etc.,
on évalue à 1100 ou 1200 le nombre d'emplois d'institutrice qui deviennent annuellement vacants. Or, en 1896,
2.583 jeunes filles ont pris leur brevet supérieur. La
même année, dans le département de la Seine, il a été
nommé 96 institutrices et 421 candidates ont conquis le
brevet supérieur. En 1887, il y avait dans le département
de la Seine 4.174 aspirantes au fonctions d'institutrice,

celles qu'il a repoussées? Aux écoles libres? Il n'y en a presque plus, à part les établissements congréganistes, qui n'emploient pas de maîtresses laïques. Chercheront-elles à entrer dans des familles? Mais ici encore, l'offre surpasse la demande. Ce qui le prouve éloquemment, c'est la baisse des salaires. Une institutrice se loue 30 ou 40 francs par mois, presque à moindre prix qu'une femme de chambre. Avec de tels appointements, elle pourra soigner sa toilette, mais comment économisera-t-elle en vue du chômage ou de la vieillesse? Elle est constamment exposée à se trouver sans fortune et sans gagne-pain (1).

pour 60 places vacantes; en 1891, 7.139 candidates briguaient 54 places; depuis lors, les demandes d'emploi ont dû augmenter encore, puisque le nombre des jeunes filles reçues annuellement au brevet supérieur s'est accru d'une centaine (330 en 1890 et 421 en 1896).

(1) D'après miss Frances Low, les institutrices pauvres sont très nombreuses à Londres. Elles commencent à l'être à Paris. Voici une petite histoire qui le démontre. Dernièrement, une jeune personne se présentait à l'œuvre de relèvement pour femmes organisée par l'Armée du Salut, demandant aide et protection. A l'entendre c'était une institutrice sans place et à bout de ressources. Les nuits précédentes, elle avait dormi sur les petits bancs des salles d'attente dans les gares. « Oh ! » disait-elle, « qu'il est difficile, dans de pareilles circonstances, de rester honnête! » Elle s'était décidée à consacrer sa dernière

Que feront-elles, toutes les aspirantes sans diplôme ou les diplômées sans place que nos établissements d'instruction produisent en foule chaque année? Quelques-unes peut-être appartiennent à des familles aisées, et la misère ne les atteindra pas. Mais la plupart sont pauvres, et de quoi vivront-elles? Du travail manuel? Elles ont 18 ans, elle savent à peine coudre, et elles ont dépassé l'âge où l'on apprend d'habitude un métier. Du reste, leurs parents qui les ont soutenues dans leurs études, au prix des plus dures privations, sont à bout de sacrifices. Et puis, le travail manuel, elles le méprisent du fond de l'âme. Elles descendraient, après avoir élevé si haut leur ambition, à ces besognes vulgaires! Elles commettraient leur esprit délicat et leurs mains blanches en des

pièce de deux sous à l'achat d'une carte postale, et pendant qu'elle écrivait à une amie, dans le bureau de poste, une dame avait remarqué ses larmes et lui avait conseillé d'aller trouver l'Armée du Salut. On reconnut, après enquête, que ce touchant récit était absolument faux. Mais pour que les intrigantes, qui exploitent la charité parisienne, aient pu songer à jouer l'institutrice pauvre, il faut bien qu'elles aient rencontré souvent cette dernière. Si elles la représentent avec exactitude, combien est lamentable son sort, et combien graves sont les dangers auxquels sa misère l'expose!

occupations grossières et sordides ! A une telle
pensée, tout leur être se révolte. Entre le rêve
qu'elles avaient caressé et la réalité qui s'offre
à elles, l'abîme est trop grand pour qu'elles
puissent le franchir. Il y a divorce entre leurs
aspirations intimes et la vie que les circonstances leur imposent ; elles ont été formées pour
une condition toute différente. Pauvres âmes
détachées du milieu social où la naissance les
avait placées, et qui parties, pour d'autres rives,
n'ont pas su trouver de port ! Elles n'ont plus
aucun lien spirituel avec les personnes qui les
entourent, et une barrière matérielle infran-
chissable les sépare des groupes humains avec
qui elles communieraient. Elles sont des déclassées. Or d'après les sociologues les plus émi-
nents, c'est parmi les déclassés que se recrutent
presque exclusivement les criminels et les
vicieux. Cette affirmation vaut également pour
les deux sexes. Mécontentes, irritées, le cœur
plein d'illusions détruites et de désirs inas-
souvis, les victimes de l'instruction se révoltent
à la fois contre la société et contre la morale.
On ne les verra pas, comme les simples ouvrières, lutter avec énergie contre la pauvreté.
On les chercherait en vain dans les maisons

d'assistance par le travail ; mais on les trouvera dans les asiles de nuit, à Saint-Lazare et sur les trottoirs des grandes villes. Les meilleures vont à la mort. « La déclassée se tue ou se prostitue », nous écrivait un homme très compétent en ces matières. Lugubre aboutissement de la course aux diplômes !

Ne sont-elles pas aussi jusqu'à un certain point des déclassées, les privilégiées auxquelles s'est ouvert l'enseignement ? Envoyées dans quelque village perdu avec des appointements dérisoires, trouvent-elles dans leur nouvelle condition tout ce qu'elles avaient espéré ? Une tâche pénible et rebutante, une vie médiocre et difficile, et autour de leur cœur une immense solitude, tel est leur lot. Mal préparées à aimer leur travail, elles en retirent peu de joie ; éloignées de leur famille et de leurs amis, elles n'ont aucune affection où elles puissent s'appuyer. Tout leur manque de ce qui fait la vie noble et douce. Heureuses encore, quand elles ne succombent pas, dans leur isolement et leur ennui, à la tentation qui les guette.

Je vais encourir les malédictions des féministes, mais l'institutrice même qui se plaît à son métier et qui y trouve abondamment la nourriture du corps et de l'âme, celle-là aussi me paraît presque une déclassée. La femme est faite pour la famille. Le seul rôle qui correponde pleinement à ses aptitudes et à sa destination naturelle, c'est de conduire sa maison et d'élever ses enfants. Elle doit être l'âme du foyer domestique. Faire autour des siens, par sa grâce et sa bonté natives, une atmosphère de calme et de paix, telle est sa tâche. Si elle déserte cette fonction, qui la remplira? et je la crois indispensable non seulement au bonheur, mais à la vie de l'humanité.

On dira tout ce qu'on voudra : que la femme est douée d'une vive intelligence, qu'elle peut être artiste, savante, voire même législatrice, et qu'elle est capable de produire, en ces divers ordres, des œuvres remarquables dont on aurait tort de se priver; on ajoutera qu'elle a le droit de vivre et par conséquent de gagner son pain; on observera qu'en lui fermant toutes les carrières et en la reléguant dans son ménage, on la met sous la dépendance du sexe fort et lui enlève sa dignité. Ces objections ne me troublent guère. Il y aura toujours assez d'hommes pour cultiver l'art, la science et la politique, et je n'en vois pas qui puissent remplacer la

mère de famille. Sacrifier la famille sous prétexte de gagner quelques génies en jupons,
cela m'a tout l'air d'une duperie. Quant au
droit de la femme à subsister par elle-même
et à faire de ses facultés l'usage qui lui convient,
je ne songe nullement à le contester. Elle est
née libre comme l'homme, et il est juste de
lui permettre tous les métiers. Seulement, est-il
sage de les lui conseiller? Qu'elle devienne
institutrice, professeur, médecin, avocat, est-ce
là son avantage et celui du genre humain?
S'il lui faut choisir entre la faim et les emplois,
je comprends qu'elle les accepte; mais qu'elle
les recherche volontairement et sans nécessité,
cela me choque : elle a mieux à faire en ce
monde que de donner des leçons ou des remèdes.
Ce serait un désastre irréparable, si la femme
allait se lancer dans le champ de la concurrence
économique. L'unité humaine, ce n'est pas
l'individu, mais la famille, et si les membres
de cet être complexe, oubliant la différence de
leur destination, veulent remplir indistinctement les mêmes fonctions, s'ils s'élèvent l'un
contre l'autre et se livrent mutuellement combat
pour l'existence, c'est une transgression manifeste des lois de la vie, et la mort seule peut

s'ensuivre. Dans une société bien équilibrée, l'homme doit assurer la subsistance et de ses enfants et de sa femme ; cette dernière doit être affranchie du travail, ou du moins il ne faut pas que ses occupations l'absorbent jusqu'à lui ôter le temps d'être mère.

Les emplois que lui ouvre l'instruction lui laissent-ils assez de loisirs pour qu'elle puisse diriger sa maison ? Quand elle a fait ses heures de classe et d'étude et qu'elle s'est préparée aux leçons du lendemain, elle est lasse et la journée, d'ailleurs, est finie. Elle ne trouve pas une minute à donner à son foyer : elle est trop institutrice pour pouvoir être assez femme. Qu'au lieu d'entrer dans l'enseignement, elle se jette dans la médecine, le droit, la politique ou toute autre carrière de ce genre, elle réussira moins encore à concilier les devoirs de sa profession avec ceux de son sexe. Déchue de son rôle naturel, elle sera une déclassée. Elle gagnera peut-être sa vie, — du moins jusqu'à ce que l'encombrement de tous les métiers intellectuels y ait apporté la famine, — mais si la misère ne risque pas de la pousser à la corruption, elle sera perdue pourtant pour l'humanité. Elle se mariera peu ; ou si elle prend un mari et qu'elle ait des enfants, comment leur donnera-t-elle l'affection et les soins qui leur sont dus? Dans tous les cas, c'est la destruction de la famille et par conséquent la fin de la société.

*
* *

Ainsi, l'instruction qui tue le corps et l'âme de la femme (et ceux de l'homme également), tend à devenir le pire fléau des temps modernes. Faudra-t-il donc retourner à l'ignorance de nos ancêtres? Devrons-nous appliquer les théories exposées par le bonhomme Chrysale dans les *Femmes savantes* de Molière? Ce n'est ni possible, ni désirable. Confiner nos jeunes filles dans la cuisine et la lingerie et leur apprendre seulement à distinguer « un pourpoint d'avec un haut-de-chausses », ce n'est pas un idéal qu'on puisse professer. Nous ne demanderons pas qu'on ferme les écoles et les lycées qu'on a bâtis pour les Françaises, mais nous dirons plutôt : instruisez-les encore davantage.

Cette conclusion étonnera peut-être, après ce qui précède. Pourtant, si quelqu'un nous a lu avec attention et qu'il ait pris la peine de réfléchir, il se sera facilement aperçu que les maux signalés par nous ne dérivent pas du savoir en lui-même, mais de la manière dont on le donne et de l'usage qu'on en fait. Nous ne souffrons pas d'avoir trop prisé l'instruction, mais de l'avoir, au contraire, trop méprisée. Au lieu de la rechercher pour sa valeur propre, comme il aurait fallu, nous n'y avons vu qu'un hochet de la vanité, un gagne pain, une arme nouvelle dans la lutte pour la vie. Elle devait être l'ornement de l'intelligence, et nous en avons fait un instrument pour l'acquisition des biens de la chair. Nous avons rabaissé l'esprit au rôle de serviteur de la matière.

De là nos déboires, et cette erreur n'a pas seulement produit nos déclassées, mais c'est d'elle aussi que proviennent tous les abus de notre système pédagogique et par suite le surmenage. Quand on ne réclame de l'étude à tous ses degrés que des avantages matériels, il faut bien qu'elle aboutisse à quelque réalité palpable, d'où les diplômes. Quand tous les écoliers aspirent à des emplois ou veulent parvenir aux carrières libérales, comme on ne peut satisfaire tant d'appétits, il faut bien opérer un triage, d'où les concours. Et les examens se multiplient, chaque année en voit apparaître de nouveaux : ils poussent dans notre terroir social, comme des champignons sur un fumier. Le malheur est qu'il n'y a pas d'étalon pour mesurer la capacité de l'esprit, et qu'on ne peut juger les candidats que d'après l'étendue de leurs connaissances. Ils devront s'emplir la cervelle d'une multitude de faits et pour leur permettre d'en emmagasiner le plus possible, on allongera sans cesse les programmes de l'enseignement, on accroîtra les heures de classe ou d'étude dans d'effrayantes proportions.

Funeste régime pour l'esprit comme pour le corps. Quand on aura transformé nos jeunes gens et nos jeunes filles en autant de vivantes encyclopédies, le beau résultat! On aura fabriqué des phonographes savants et non des hommes et des femmes. Est-ce que la pensée peut se développer et le jugement se former, sous le poids d'une si lourde érudition? Accablé d'un tel fardeau, l'écolier succombe. Il ne se reconnait plus dans le chaos de connaissances qui l'oppressent. Il est incapable d'embrasser, de dominer et de façonner cette vaste matière, et la mémoire pleine de faits jusqu'aux bords, il ne possède pas une idée. Qu'importe alors qu'on ait introduit le monde entier dans son cerveau, s'il est impuissant à le comprendre, s'il ne parvient pas à se faire des principes qui le conduisent dans la vie?

La vraie place de cette multitude de notions qu'on s'applique à faire entrer dans la tête de nos enfants, elle est dans notre bibliothèque et non pas dans notre esprit. L'instruction doit avoir pour but de développer et de fortifier l'intelligence. Il ne faut charger la mémoire que de ce qui est absolument indispensable pour alimenter la réflexion. Si quelqu'un s'assied devant une table bien garnie et mange avidement du matin jusqu'au soir, il se prépare une indigestion et non des forces. Or ce que l'estomac est au corps, la mémoire l'est à l'esprit. L'important n'est pas ce qu'on absorbe, mais ce qu'on digère et s'assimile. Comprendre plutôt qu'apprendre, telle doit être notre devise.

Alors on pourra concilier l'étude avec l'hygiène. Au lieu de tant courber la jeunesse sur des livres et des cahiers, on ouvrira ses yeux sur les choses; on la fera sortir quelquefois des écoles où elle étouffe, pour la mettre en présence de la nature. On imitera un peu la sagesse des anciens qui s'instruisaient en se promenant dans les jardins d'Athènes. On craindra de fatiguer et de rebuter la pensée par une trop longue application ; on diminuera les heures de travail et on les coupera par de fréquents repos ; on fera appel aux exercices du corps pour détendre l'esprit. On se rappellera que, d'après l'Académie de médecine, il suffit aux enfants très jeunes de trois heures d'étude quotidiennes et que les plus âgés n'en peuvent supporter plus de huit. On mettra ainsi l'instruction d'accord avec la science, et la culture intellectuelle ne se fera plus aux dépens de la santé physique.

Par dessus tout, au lieu de dégrader les âmes, elle aura des effets moraux. Il y a du vrai dans cette affirmation de Socrate : la science, c'est la vertu. Penser, dominer le tourbillon des phénomènes et porter sur eux des jugements, s'élever à la contemplation des lois universelles et éternelles qui régissent le monde, quoi de plus noble et de plus grand ? Rien ne donne mieux à l'homme le sentiment de sa dignité que cet exercice de sa raison. D'autre part, il s'ouvre ainsi une source de plaisirs délicats et sublimes qui le dégoûtent des voluptés impures de la chair. Il n'aura plus besoin, pour se distraire,

de se jeter dans les fêtes bruyantes et vaines;
il connaîtra d'autres joies que les triomphes de
la vanité, ou les douceurs de la bonne chère,
ou les enivrements du luxe. Il dédaignera ces
délices grossières qui tuent le corps et abaissent
l'esprit. Alors se réaliseront les belles espérances de ceux qui ont fondé notre enseignement
populaire : l'instruction sera l'agent de tous nos
progrès.

Les emplois resteront et les carrières libérales
aussi. On sera contraint de garder encore des
examens et des concours. Du moins nous
débarrassera-t-on de tous ceux qui ne sont pas
strictement nécessaires pour le recrutement de
l'administration et du corps enseignant. Nous
verrons disparaître entre autres le certificat
d'études primaires et le brevet, ces inutiles
facteurs de surmenage et de déclassement.
Aujourd'hui, les institutrices ne songent qu'à
présenter des élèves au certificat; l'ambition
des directrices des écoles primaires supérieures
se réduit à ceci : faire des brevetées. Dès qu'une
jeune fille manifeste un peu d'intelligence, les
maîtresses se la disputent; elles font à ses
parents un devoir de la pousser, et par d'habiles
flatteries, par des promesses éblouissantes, elles

obtiennent que les malheureux se saignent aux quatre veines pour avoir l'honneur d'être pères d'une diplômée. Ce scandale cessera, quand on aura appris à estimer la science pour elle-même et qu'on aura donné pour but à l'école le développement de l'esprit. On ne conseillera l'accès des métiers intellectuels qu'aux jeunes filles douées d'une vocation réelle. Si quelques-unes échouent encore à la recherche d'une place, leur culture les sauvera de la corruption au lieu de les y pousser. Elles trouveront, pour sortir de la misère, d'autres voies que le vice; elles se feront plutôt ouvrières, et demanderont du pain aux travaux manuels qu'elles ne mépriseront plus.

L. RANDON.

LES

VICTIMES DU CÉLIBAT

« Les victimes du célibat ! » Cette question, je dois le dire, m'a paru au premier abord passablement impertinente : — l'auteur du questionnaire penserait-il que l'état de célibataire est nécessairement l'état de victime? — Et je crois que je n'y aurais pas répondu, si je n'avais vu figurer immédiatement à la suite cette autre question : « Les victimes du mariage. » A la bonne heure ! cette sage impartialité m'a rasséréné : elle m'a prouvé que l'auteur du questionnaire avait simplement pensé que l'un et l'autre état pouvaient également comporter des victimes, sans qu'il soit nécessaire d'admettre *a priori* que l'un en compte plus que l'autre.

Il faut bien constater que l'opinion publique incline précisément dans le sens que nous venons de repousser : elle est convaincue que le célibat est par lui-même un état d'infortune très caractérisé — pour les femmes, bien entendu — et le fait « d'avoir coiffé Ste Catherine », comme elle le dit dans son langage brutal, crée toujours une situation malheureuse, fâcheuse, et qui n'est pas exempte de quelque ridicule. Et comme la condition sociale de chacun de nous dépend dans une grande mesure de l'opinion que s'en font nos semblables, il suffit que cette opinion soit telle pour qu'en effet celle qui en est l'objet joue dans une certaine mesure le rôle de victime. Seulement il importe de comprendre qu'un tel rôle n'est nullement nécessité par les circonstances, mais qu'il est simplement le résultat d'un préjugé public, et par conséquent il suffirait de rectifier ce sot préjugé pour relever du même coup la condition de « vieille fille » au moins au niveau de celle de « vieux garçon », et même fort au-dessus ! Et celui qui y réussirait aurait fait non pas seulement une bonne œuvre, mais une grande œuvre,

Tâchons de comprendre d'abord les raisons de ce préjugé. Elles sont au nombre de deux, croyons-nous :

La première, c'est qu'on pose en principe que la fonction sociale de la femme, c'est d'être épouse et mère, et qu'elle n'en saurait avoir d'autre. — Quand donc elle manque cette vocation unique, elle se trouve dans la situation disgraciée et godiche de tout être ou de toute chose qui ne trouve pas son emploi en ce monde, d'un gant dépareillé, d'un article démodé, d'un couvercle de casserole, dont on a perdu la casserole.

La seconde, qui découle naturellement de la première, c'est qu'on suppose que si une femme ne s'est pas mariée, ce n'est pas qu'elle ne l'ait pas voulu, mais c'est qu'elle ne l'a pas pu. Elle ne pouvait, pense-t-on, vouloir autre chose, et si elle n'a pas réussi, c'est que quelque chose lui a manqué pour cela : elle a eu ou trop de prétentions ou trop peu de dot, ou trop de coquetterie ou trop peu d'attraits. Si elle est jolie, c'est qu'elle ne doit pas avoir le sou : si elle est riche, c'est qu'elle devait avoir le caractère bien désagréable : si par hasard elle est à la fois riche et jolie, oh alors! Dieu sait ce qu'on supposera...

Et le sourire plus ou moins ironique, avec lequel on prononce ce seul mot de « vieille fille », souligne ainsi une foule de sous-entendus plus ou moins désobligeants et auxquels celle qui en est l'objet ne peut pas évidemment se soustraire, en offrant de faire la preuve qu'ils sont faux.

Et remarquez, ici comme dans toutes les questions qui concernent les femmes, l'injustice humaine! Quand il s'agit des hommes on raisonne d'une façon toute opposée. On admet d'abord que tout homme a mille autres fonctions sociales que celle d'être époux et père, et qu'il en a même beaucoup, qui sont plus ou moins incompatibles avec celle-là. On admet de plus que si un homme ne s'est pas marié, c'est non point qu'il ne l'ait pas pu, mais uniquement qu'il ne l'a pas voulu, et ainsi le célibataire homme se trouve paré d'une certaine auréole de dévouement social, ou du moins ennobli par un certain dédain pour les liens bourgeois et prosaïques du mariage qui lui permet de porter haut la tête en frisant sa moustache — prestige absolument refusé à la vieille fille.

Pourtant il faudrait être juste. Si l'opinion

publique exige que les femmes se marient, elle doit l'exiger pareillement des hommes. Car enfin pour se marier il faut être deux et il faut que l'un des deux soit l'homme! Comme tous les peuples civilisés vivent sous le régime du mariage monogame, et comme d'autre part la Providence, par une loi mystérieuse mais toujours vérifiée, a fait naître partout autant de femmes que d'hommes (et même un tout petit peu plus de femmes), il en résulte nécessairement que si tout homme marié suppose une femme mariée, de même tout homme célibataire suppose une femme célibataire. — Si l'une joue vraiment le rôle de victime, c'est l'autre qui est son bourreau, puisque c'est lui qui lui fait jouer ce rôle, et si vous plaignez sincèrement, celle-là vous devriez condamner celui-ci (1).

Il faut donner un vigoureux coup de balai à tous ces préjugés.

Il faut d'abord déclarer qu'en ce qui concerne

(1) On comptait en 1891, en France, le chiffre effrayant de 2.622.770 filles majeures célibataires, contre 7 1/2 millions de femmes mariées, c'est-à-dire que 1 fille sur 4 d'après la statistique doit rester fille. Maintenant demandez-vous pourquoi y a-t-il 2 1/2 millions de célibataires femmes? Vous trouverez tout seul la réponse : c'est parce qu'il y a un pareil nombre de célibataires hommes.

le choix du mariage ou du célibat, les droits et les devoirs des deux sexes sont absolument égaux, puisque les deux sont sur ce point nécessairement solidaires : je n'en dirai pas autant en toute autre matière.

Il faut ensuite admettre que bien que le mariage soit l'état normal de l'homme et de la femme, il peut y avoir cependant des cas, pour l'une aussi bien que pour l'autre, où le célibat constitue un état socialement et moralement supérieur : il peut y avoir des fonctions, pour la femme aussi bien que pour l'homme, autres que celle d'épouse et mère et qui sont plus ou moins incompatibles avec celle-ci. Elles le sont même plus pour la femme, si l'on veut bien y réfléchir, que pour l'homme, car en somme il n'est guère de fonctions pour l'homme, pas même celle de marin, de missionnaire, de médecin ou d'infirmier, qui soient incompatibles avec le mariage, tandis qu'on a quelque peine à imaginer une femme médecin ou diaconesse, ayant à faire son ménage, à élever ses enfants et à aller dans le monde. Le rôle de mari et de père est un rôle commode en somme, en ce qu'il n'exige qu'un travail et des devoirs très intermittents et qui peuvent être

remplis, si j'ose ainsi dire, aux moments perdus,
tandis que le rôle d'épouse et de mère est le
plus absorbant de tous les métiers et de tous
les devoirs, et qui, s'il est fait comme il doit
l'être, ne souffre guère d'autre occupation.
L'alternative pour la femme est donc beaucoup
plus tranchée et plus impérieuse que pour
l'homme.

Rendons cette justice à l'Eglise catholique,
que quoique d'une façon générale, et par ressen-
timent pour la faute d'Eve, elle ait trop souvent
maintenu l'infériorité de la femme, cependant,
en ce qui concerne la question qui nous
occupe, elle a traité les deux sexes avec une
parfaite égalité : elle a honoré le célibat des
femmes à l'égal de celui des hommes, et a su
donner à ses « Sœurs », dans les hôpitaux ou
dans les écoles, des fonctions longtemps respec-
tées, qui le sont encore et qui le seraient
davantage sans le caractère d'intolérance que
l'Eglise catholique imprime à ses plus belles
œuvres, et qui provoque tôt ou tard une
intolérance en sens contraire. Le protestantisme
n'a pas su — et c'est là très décidément à notre
avis une grave infériorité — proposer à ses
jeunes filles un autre but et un autre idéal

que celui de se marier le plus tôt possible : ses diaconesses sont admirables, mais très rares et se recrutent rarement, comme les religieuses, dans l'aristocratie, je veux dire dans l'élite de la société. Par là il encourt une part grave de responsabilité dans les préjugés courants.

Mais s'il n'y avait d'autre issue pour la femme en quête d'une fonction sociale, que de prendre le voile ou d'entrer dans la maison des diaconesses, la porte serait un peu étroite. Il faut qu'il y ait des emplois laïques, économiques, en nombre suffisant pour offrir aux femmes des possibilités de marcher seules et ne pas les obliger à faire dépendre leur bonheur et leur vie de l'attente d'un mari qui peut-être ne viendra jamais. Nul doute — au fur et à mesure que le mouvement qu'on appelle le « féminisme » ouvrira aux femmes dans les professions libérales ou l'industrie de nouvelles carrières — nul doute, dis-je, que le nombre des femmes célibataires volontaires (1) n'augmente beaucoup. Nous ne nous

____

(1) Je dis « volontaires », car le nombre de vieilles filles *malgré elles* diminuera d'autre part, ce qui fait que le chiffre total pourra ne pas être plus élevé qu'aujourd'hui.

en plaindrons pas trop. D'abord en vertu de la vieille loi de l'offre et de la demande, celles qui resteront dans la voie ancienne seront plus recherchées par les jeunes gens qui ne pourront plus faire autant qu'aujourd'hui les dédaigneux, et chercher comme un sultan, d'un œil nonchalant, à qui ils jetteront le mouchoir. Mais surtout la faculté désormais reconnue pour la femme de pouvoir donner à sa vie un autre emploi que celui du mariage aura pour effet de faire tomber le préjugé que nous avons indiqué. On ne pourra plus dire de toute femme qui ne s'est pas mariée, qu'elle ne l'a pas *pu* : on pourra penser — comme on pense aujourd'hui pour les hommes — qu'elle ne l'a pas *voulu*. Et cela seul suffira pour que la vieille fille cesse d'être considérée comme une victime et cesse du même coup d'être ridicule. Voyez les actrices ! personne ne s'inquiète de savoir si elles sont mariées ou non, et aucun discrédit pour elles ne s'attache au célibat : je sais bien qu'il y a pour cela d'autres raisons sur lesquelles il vaut mieux ne pas insister, mais la seule raison que je veuille retenir ici — et la principale, à vrai dire — c'est qu'elles ont une profession, qui les dispense du mariage ou qui même ne s'accommode pas trop bien avec lui. La même cause produira les mêmes effets dans toute autre carrière.

Il est encore une dernière raison qui expliquerait l'opinion peu bienveillante que l'on professe généralement sur les célibataires : c'est qu'on les considère comme des êtres nécessairement égoïstes. Ce préjugé est plus sérieux que les précédents. D'abord il est plus équitable en ce sens qu'il vise également les deux sexes, quoique pourtant il soit ici encore plus accentué à l'égard des femmes qu'à l'égard des hommes. On admet qu'un vieux garçon peut encore aimer des êtres humains, ne fut-ce que ses neveux, tandis qu'il est admis qu'une vieille fille ne saurait aimer que des petits chiens, des chats, des perruches ou des serins. Hélas ! je reconnais que ce préjugé-ci est trop souvent fondé tant pour l'un que pour l'autre sexe. Un vieux garçon égoïste est bien le plus vilain type de l'humanité qui puisse être trouvé sous la calotte des cieux, et une vieille fille égoïste manque singulièrement de charme. Toutefois ici même je réclamerai certaines circonstances atténuantes pour celle-ci. Qu'on veuille bien réfléchir que si elle se replie sur elle-même et cherche hors de l'humanité des objets d'affection, c'est parce que la société ne lui fait aucune place et n'ouvre aucune issue à ses facultés affectives ou simplement altruistes. En France surtout, on ne lui permet de sortir seule qu'à l'âge où elle n'a pour ainsi dire plus de sexe et jamais on ne songe à lui demander de coopérer à une œuvre utile. J'ai fait partie de bien des comités — œuvres religieuses ou philanthropiques, assistance par le travail, sociétés coopératives, etc., — jamais je n'ai vu de vieilles filles appelées à en faire partie, et cependant elles seraient précisément indiquées pour cela : Mesdemoiselles rémplaceraient avec avantage par l'assiduité, le tact, le dévouement, les membres Messieurs, et grâce à elles sans doute beaucoup d'œuvres qui ont sombré, seraient debout et vivantes. Mais que voulez-vous qu'elles fassent puisqu'on ne leur laisse rien faire? Mettez quelqu'un en quarantaine et après cela reprochez-lui amèrement de vivre pour lui-même et vous aurez ainsi quelque idée du reproche d'égoïsme adressé aux vieilles filles! Celles mêmes qui sont riches et généreuses ne peuvent rien faire de bon. Qu'une demoiselle Dembourg ait 100.000 francs à consacrer à une bonne œuvre, ne pouvant en faire emploi elle-même, elle les remettra entre les mains de Henri Rochefort! Une autre les consacrera à fonder un hospice pour les chiens abandonnés : celui-là du moins elle pourra le diriger elle-même. Que de trésors, non pas seulement d'or et d'argent, mais de bonne volonté et d'amour, restent inutiles entre ces mains fluettes et pâles et dans ces cœurs endoloris, dont le monde stupide ne trouve pas l'emploi!

Au reste quoique beaucoup d'égoïstes puissent choisir par goût le célibat, c'est une grave erreur de croire que l'état de célibat soit le plus propice au développement de l'égoïsme : au contraire, c'est la famille qui est à bien des égards un foyer d'égoïsme — égoïsme à deux ou même à quatre — il n'importe : c'est dans l'état de famille qu'il faut d'abord penser à soi et aux siens avant de penser aux autres, et il serait même déraisonnable de demander qu'il en fût autrement. Mais dans l'état de célibat l'homme ou la femme, n'ayant pas à se préoccuper des *siens,* a le droit et le devoir de se préoccuper de *tous* et d'élargir sa sollicitude et son amour fort au-delà des bornes du cercle de famille. Lui seul est en situation de vivre complètement pour autrui.

Au moment de conclure, je m'aperçois que je n'ai pas répondu directement à la question qui m'était posée, ou du moins que j'ai donné à entendre qu'il n'y avait pas réellement de « victimes du célibat », puisque, d'après les explications que nous venons de donner, les vieilles filles seraient victimes non du célibat lui-même, mais des préjugés qui s'attachent au célibat.

Telle n'est point pourtant notre pensée. Nous ne voulons pas nier que le célibat n'ait aussi ses victimes proprement dites, c'est-à-dire celles qui souffrent directement de cet état et qui continueraient à en souffrir alors même que tous les préjugés qui s'y attachent seraient abolis.

Ce sont d'abord toutes celles qui n'avaient pas la vocation du célibat et qui, bien malgré elles et par la force des circonstances, ont été obligées de le subir — toutes celles qui étaient nées pour les joies de l'amour et de la maternité et dans le cœur desquelles le rêve irréalisé et la vie solitaire laisseront d'inconsolables regrets.

Ce sont ensuite les jeunes filles de famille ouvrière...

C'est une chose curieuse et qui en dit long sur notre état social que, lorsqu'on parle des vieilles filles, on ne pense jamais qu'à celles qui font partie de la société bourgeoise : ce sont celles-là qu'on plaint ou qu'on raille. Mais dans la classe ouvrière n'y a-t-il pas aussi de vieilles filles. Qu'est-ce qu'elles deviennent?.... Avouez, amis lecteurs, que vous n'y aviez jamais pensé et que vous vous dites pour la première fois aujourd'hui : « Tiens, c'est vrai! Il doit y en avoir, où peuvent-elles bien être? » Hélas! je vous laisse le soin de les chercher. En voilà qui ont véritablement droit au titre de victimes et pour lesquelles un peu de pitié n'est pas de trop : ce n'est pas à quelque ridicule seulement, ou même à quelque peine de cœur, qu'elles sont exposées. Toute fille pauvre qui ne trouve pas — je ne dirai pas un mari, mais un homme ou une brute — pour la nourrir et la défendre, est la plus misérable des créatures. C'est pour celles-là surtout qu'il faudra se réjouir, si le féminisme ouvre quelques débouchés à leur activité et leur permet de se suffire à elles-mêmes et de marcher seules dans la vie.

Donc, tout compte fait et sans nier que le
célibat n'ait ses victimes, j'estime que, dans
une société bien organisée où chacun suivrait
librement sa vocation, il en compterait moins
que le mariage. C'était du reste l'opinion de
saint Paul puisqu'il dit : Si une jeune fille se
marie, elle ne pêche point, mais elle aura des
afflictions et je voudrais vous les épargner!.....
Mais voici que j'allais empiéter sur le domaine
de celui de nos collaborateurs qui doit répondre
à cette autre question : je lui passe la plume.

CH. GIDE.

LES

VICTIMES DU MARIAGE

Aime celui qui t'aime, et sois heureuse en lui.
— Adieu ! — Sois son trésor, ô toi qui fus le nôtre !
Va, mon enfant béni, d'une famille à l'autre.
Emporte le bonheur et laisse-nous l'ennui.

Ici l'on te retient, là-bas on te désire.
Fille, épouse, ange, enfant, fais ton double devoir.
Donne-nous un regret, donne-leur un espoir.
Sors avec une larme ! entre avec un sourire !

Voilà le chant du poète. Voici la parole du philosophe. Avec son sérieux émouvant, Vinet écrivait : « Le mariage fait nécessairement le bonheur ou le malheur de la vie. Et, ce qu'il y a de plus grave encore, il jette un grand poids dans la redoutable balance où se pèsent le pour et le contre de notre éternelle destinée. »

L'homme est *quelquefois* la victime du mariage ; et s'il faut en croire l'histoire, Socrate en reste la preuve éclatante. Mais la femme est *souvent* la victime du mariage. Nous ne songeons pas, en ce moment, aux tragiques surprises de la maternité, ni au doux esclavage de la mère de famille. C'est à ses dépens, il est vrai, que l'enfant se développe en grandissant. Dans un vieux poème égyptien, naïf de forme seulement, un père dit à son fils : « C'est le dieu qui t'a donné ta mère. Elle s'est rendue esclave de toi réellement, pendant les trois ans que tu es resté suspendu à son sein. Son cœur ne se rebutait jamais jusqu'à lui, faire dire : Qu'ai-je Besoin de m'imposer cela? Aie toujours présent aux yeux et ta naissance douloureuse et tous les soins que ta mère a pris de toi, afin qu'elle ne lève pas ses mains vers le dieu, car il exaucerait sa malédiction. » Oui, nul ne saurait deviner ce que peut accomplir le génie maternel dans le cours d'une seule journée de pluie ; nul ne soupçonne ce qu'une gardeuse d'enfants doit dépenser de forces physiques, intellectuelles et morales pour surveiller, prévoir et prévenir, inventer, consoler, réparer, guérir, réjouir, endormir, soigner, laver, protéger, distraire, aimer, défendre ou permettre, sévir, apaiser, instruire, inspirer, *élever* en un mot, et cela sans trêve, sans une minute de répit, sans un mot de remerciement, avec l'assurance qu'un instant d'inattention sera expié par un bris, par une chute, par un accident mortel. Et sur ce dévouement total et incessant plane mélancoliquement l'arrière-pensée que tout cela, malgré tout, restera peut-être sans fruit, et que la fièvre, dès demain, emportera l'enfant. Etre patient et courageux dans la vie publique, dans toute activité qui a le renom d'être héroïque ou sublime, ce n'est rien ; mais conserver la paix intérieure quand on est toujours incertain de la minute qui vient, incapable d'écrire les lettres nécessaires ou de lire les livres fortifiants, impuissant à se recueillir ou même à prier, succomber de lassitude et rester calme et répandre le calme autour de soi, accomplir méthodiquement jusqu'au bout la tâche fixée, dans ses multiples détails, — voilà le triomphe de la charité, la gloire de la foi, la splendeur cachée de l'abnégation évangélique.

Et cependant, cette vigilance, et cette lassitude, et cette immolation persévérante au service des petits sont le lot commun de chaque femme ; et toute mère digne de ce nom refusera d'être

appelée une victime du mariage, aussi longtemps qu'elle ne sera pas une victime du mari.

Or, les victimes du mari existent.

C'était un dimanche après-midi; une petite
fille vint me chercher : ivre, son père avait jeté
sa famille dehors. Je trouvai la femme sur le
chemin, avec ses enfants; son mari l'avait cou-
verte d'injures en public, après avoir craché
contre elle et lui avoir versé du cidre sur la
tête « pour rigoler. » — J'entre dans la maison.
Il est là, les cheveux en désordre, la figure
défaite, la moustache pendante, toute mouillée
et souillée de tabac liquide, le pantalon cher-
chant le sol, les pieds glissés dans des lambeaux
de savates qui balayaient la poussière derrière
lui. Il est indigné contre son épouse; d'après
lui, une femme doit prendre le caractère de
son mari, tel qu'il est. « Si ma femme était
chrétienne, si elle était une vraie ménagère,
elle me dirait simplement : Tu as bu un coup,
mon gas? C'est un tort. » Devant moi, il somme
la malheureuse de rentrer, comme on parle à
un chien et lui ordonne de préparer la soupe;
au préalable, il commande à sa pauvre esclave
d'enlever au Pacha ses chaussettes...

A quoi bon insister? Les exemples foisonnent.

De la rue que j'habite, un cortège part pour le cimetière; qu'est-ce donc? un homme s'est jeté sur sa femme et l'a battue, au point qu'elle est morte en mettant au monde un enfant. Les scènes de violence ou de sauvagerie sont fréquentes; et malheur à celui qui pourrait distinguer, derrière les murailles, tant de dra-mes dissimulés! L'indignation l'étoufferait. « O *murs, que vous savez de lugubres histoires!* » Pour la femme, c'est l'enfer : à la maison, les coups; en public, la honte. Elle pensait épouser un homme, elle est tombée entre les griffes d'une brute.

Dans la classe ouvrière, pareilles détresses ne sont point rares. Mais, dans la bourgeoisie, si la sujétion de l'épouse prend une autre forme, elle n'en est pas moins réelle. « Tiens! prends *ton* enfant, il est malpropre... Débarrasse-nous de sa présence; il nous fatigue par ses cris... Que je ne voie plus trainer ses jouets ou ses langes... Tu devrais obtenir qu'il ne se réveille pas la nuit... La lampe suinte encore ; n'as-tu pas de servante, et ne sais-tu pas te faire obéir?... Pourquoi *ta* soupe est-elle brûlée?... Pourquoi le verrou de la porte d'entrée n'a-t-il pas été poussé hier soir?... Pourquoi *ton* boucher nous fournit-il tant d'os et pourquoi *ton* laitier arrive-t-il en retard?... *Ta* cheminée fume!... Dorénavant, j'entends que ma chambre soit balayée à l'heure que j'ai choisie... Tu as encore oublié de me recoudre ce bouton?... La domestique a dérangé mes papiers; moi je m'abstiens bien de toucher à tes affaires! »

Il est trop vrai; le tyran a tracé une ligne de démarcation entre le domaine de ses propres droits et la région des devoirs qui incombent à sa compagne. Il sait par le menu le poids, la forme et la dimension des différents fardeaux qui composent le faix sous lequel elle succombe; personnellement, il ne se chargera pas de tous ces soucis divers; par contre, il ne craint pas de lier sur des épaules fragiles ses préoccupations individuelles. Il n'admettrait pas que sa femme l'obsédât de questions ménagères; mais il trouve naturel de la harasser par l'exposé des problèmes qui le troublent lui-même dans l'exercice de son activité publique. Or si l'époux ne consent pas à porter les responsabilités de l'intérieur, comment ose-t-il exiger que l'épouse porte les responsabilités de l'extérieur?

Il ne voit pas que ce système condamne celle-ci aux travaux forcés à perpétuité. Elle

vit dans un état ininterrompu de tension physique et morale. Pour elle, jamais de vacances,
même pendant les congés du mari ou des fils ;
car les labeurs de la maisonnée sont toujours
là, et souvent ils sont d'autant plus absorbants
que les hommes sont plus désœuvrés. Ceux-ci,
parfois, ont peine à admettre que la maitresse
du logis souffre d'une légère indisposition, se
retire plus tôt le soir ou se lève plus tard le
matin. Qu'elle fasse, au moins, acte de présence !
car, sans elle, tout est perdu.

Pauvre femme ! elle pensait épouser un mari,
mais elle est soumise à un maitre. Elle peut
répéter maintenant, en connaissance de cause,
les vers du vieux Corneille, qu'elle récitait jadis
au pensionnat :

Voilà notre pouvoir sur les esprits des hommes,
Voilà ce qui nous reste, et l'ordinaire effet
De l'amour qu'on nous offre et des vœux qu'on nous fait.
Tant qu'ils ne sont qu'amants nous sommes souveraines,
Et jusqu'à la conquête ils nous traitent de reines,
Mais après l'hyménée ils sont rois à leur tour (1).

Au surplus, l'épouse n'est pas toujours esclave ;
elle reste libre, mais à tel point que sa liberté

____

(1) Polyeucte I, 3.

ressemble au délaissement. Elle est encore victime, et victime cette fois de l'abandon. Il ne
s'agit pas ici de l'abandon matériel, immonde
et criminel, dont tant d'hommes se rendent
coupables ; il s'agit d'un abandon général, impalpable et de toutes les heures, composé de silences
polis et de réticences discrètes. Préoccupé de
ses travaux, de ses lectures et des grandes idées
qui mènent le monde, le mari s'est installé sur
un observatoire aérien ; de là il redescend au
sein de sa famille pour les repas ; sa femme est
l'hôtesse chez laquelle il prend pension. Il est
très satisfait de ses capacités, elle est ponctuelle,
ordonnée, silencieuse, elle écarte les enfants de
ses jambes ; grâce à elle, il n'a jamais perdu
une minute... même dans sa société, car dès
que le couvert est enlevé, il retourne à ses
chères et nobles études.

Moins égoïste, un autre a des yeux pour voir
sa femme, pour épier la pâleur de son visage
ou pour admirer le ruban, dont elle s'est parée
en l'honneur de son mari. Il a pour elle des
égards et lui rapporte les premières fleurs de
la saison ; il s'informe avec intérêt de l'emploi
de son temps, et la questionne gaiement sur
chaque petite tête frisée. Ce faisant, il tire avec

affection l'oreille de son bel épagneul et lui prodigue sucre ou compliments. Et l'épouse établit une comparaison secrète entre elle-même et cet animal ; pas plus que lui elle n'obtiendra jamais autre chose que des caresses faciles ; jamais elle ne pénétrera dans le for intérieur de son mari ; jamais il ne déroulera les calmes horizons, les lignes majestueuses des idées générales devant son cerveau fatigué par les mille et mille riens de l'existence quotidienne (1) ; à travers la poussière des menus incidents domestiques, elle ne verra jamais se lever dans la paix l'immuable soleil de la Vérité. Son mari lui refuse le repos d'une contemplation pareille. Il dirait volontiers avec Bonald : « A un homme d'esprit, il ne faut qu'une femme de sens ; c'est trop de deux esprits dans une maison. »

Le plus souvent, dans un autre domaine, infiniment supérieur au domaine intellectuel — car « tous les esprits ensemble et toutes leurs productions ne valent pas le moindre mouvement de charité » — c'est le mari qui ne suit pas sa femme sur les hauteurs où elle respire.

(1) Un simple ouvrier, qui lit régulièrement le journal, devrait renseigner sa femme sur les orientations de la politique internationale.

Elle parle de dévouement, et il ne comprend pas; elle parle de prière, et il comprend encore moins. Le soir, elle ouvre l'Évangile; il en profite pour aller fumer au grand air; — quand elle groupe ses enfants pour leur chanter des cantiques, il se retire pour lire la gazette; — le dimanche, quand elle se dirige vers le sanctuaire, il s'en va pêcher à la ligne; - dans l'épreuve, elle contemple le ciel, tandis qu'il fixe la terre. Il n'attaque rien, il ne discute même pas : il ignore ou il affecte d'ignorer; il tourne le dos à tout ce qu'elle espère, à tout ce qu'elle adore, et il appelle cela « respecter ses croyances. » Il n'approuve jamais, il ne blâme jamais, il excuse, parce qu'il explique. Sa femme pleure en secret, et intercède à deux genoux pour lui? Peu importe : elle est pieuse, parce qu'elle est du sexe faible; il est incrédule, ou sceptique, ou indifférent, parce qu'il est du sexe fort; à elle les chimères, à lui la réalité; elle a « l'ombre », il a « la proie. »

Condamnée à l'isolement intellectuel ou à la solitude morale, l'épouse, une fois de plus, est victime; sans être emprisonnée, elle subit le régime cellulaire. Son âme cherchait une âme, elle n'a trouvé qu'un corps.

II

Voilà le mal. Où est le remède? Peu de mots suffiront à l'indiquer.

L'éducation des petites filles semble inspirée par ce féroce adage de J.-J. Rousseau : « La femme est faite spécialement pour plaire à l'homme ». Qui ne sait qu'on exige des fillettes une correction de manières, de langage et de costume dont les garçons, par grâce d'état, sont dispensés? « Tenez-vous droite, Mademoiselle!..... Fi donc, se salir les mains?..... N'employez pas ces mots-là, c'est bon pour votre frère ». Une « petite fille » doit, en cette qualité, refermer les tiroirs qu'elle ouvre, rassémbler les objets qu'elle disperse, ramasser les morceaux de papier ou d'étoffe qui traînent, pousser douce- ment les portes récalcitrantes et marcher sans bruit sur les parquets sonores. Qu'un « petit garçon » la taquine, c'est dans l'ordre; qu'elle riposte, c'est un scandale. Il faut qu'elle accumule toutes les vertus, et sans que cette perfection précoce lui confère le droit d'être proposée comme modèle. Au contraire, à ses heures d'indignation, le père dira au fils : « Va, tu n'es qu'une fille ! » Et le rouge montera au front du jeune mâle injurié. Plus tard, la sœur aînée se multiplie, s'ingénie; elle est la fée diligente et la providence de la maison; au moins, les intéressés la parent de ces titres poétiques. En réalité, elle joue souvent le rôle de Cendrillon; et tandis que messieurs les adolescents se chauffent les pieds sur les chenêts, elle court les corridors froids pour leur service. — Triste système d'éducation! Les vertus domestiques sont-elles moins utiles aux hommes qu'aux femmes? Qu'on exige moins des filles ou qu'on réclame davantage des garçons! En employant deux poids et deux mesures pour évaluer les mêmes actes, les pédagogues frayent systématiquement les voies à l'odieuse théorie des deux morales : l'une masculine, l'autre féminine; et les efforts méthodiques des éducateurs coalisés multiplient, d'année en année, avec une régularité monotone, les victimes inconsolables du mariage. Hélas! une certaine théologie se rend dévotement complice de ces crimes. Après avoir déclaré, dans ses Elévations, que « la femme est une espèce de diminutif », Bossuet ajoute intrépidement : « Les femmes n'ont qu'à se souvenir de leur origine et, sans trop vanter leur délicatesse, songer après tout qu'elles viennent d'un os surnuméraire. » Ce prodigieux aphorisme pèse encore sur l'esprit de maint croyant.

En attendant que les hommes changent, il devrait être permis aux jeunes filles de ne point se marier ; mais elles sont élevées en vue de l'existence conjugale! On parvient à leur inculquer la conviction qu'il est ridicule, sinon déshonorant, de passer vingt-cinq ans sans avoir lié son sort à celui d'un mari. La piété même s'accommode, parfois, d'un préjugé pareil ; et la littérature édifiante veut imposer à notre admiration religieuse les martyres volontaires, mais résignées, qui répètent sans murmure, au sujet de leur seigneur et maître, l'immortelle parole du saint homme Job : « Quoi ! nous recevons de Dieu les biens, et nous ne rece-vrions pas les maux ? » — Il est vrai que la femme sera poussée vers le mariage, c'est-à-dire vers le gagne-pain, aussi longtemps qu'on lui fermera mainte carrière proportionnée à ses forces, à ses aptitudes, à son génie particulier; aussi longtemps que le simple artisan comme le savant protesteront contre son intrusion dans les domaines jusqu'ici réservés au premier occupant. La réforme des mœurs domestiques est étroitement liée à l'émancipation sociale de la femme ; quand elle ne se mariera plus par nécessité, elle se mariera davantage par choix. En attendant, du reste, elle saura se venger de la position qu'on lui assigne. « Visitez les grands magasins, s'écrie Tolstoï. Y a-t-il, dans les neuf dixièmes de ces magasins, la moindre chose pour l'usage des hommes? Des générations entières d'ouvriers succombent dans ces travaux de forçats pour des fantaisies de femmes. Comme des reines puissantes, les femmes tiennent dans l'esclayage et le labeur les neuf dixièmes de l'humanité. Et tout cela, parce qu'on leur refuse des droits égaux à ceux de l'homme. Vous ne voulez voir en nous qu'un objet sensuel? Soit. Par les sens, nous nous emparerons de vous. »

Quoi qu'il en soit, il reste vrai que la sainte et immuable vocation de la femme, ici-bas, c'est la maternité. Or « quiconque a réfléchi sur l'énergie et la durée opiniâtre de nos premières impressions, quiconque pensera que ces premières impressions sont précisément celles qu'une mère communique ou modifie, n'hésitera pas à reconnaître que la femme porte en ses faibles mains, avec le caractère du peuple qui s'élève, les destinées de la société ». Cette observation de Vinet met en pleine lumière la divine mission de l'épouse. Si celle-ci ne veut pas être infidèle à son mandat, il faut donc qu'elle sache, en se mariant, si l'homme auquel elle se confie lui laissera remplir son sacerdoce. Mais le sait-elle? Cherche-t-elle à le savoir? Le philosophe Secrétan écrivait avec une ironie amère : « Le mariage, *justæ nuptiæ*, tend, au moins en France, à devenir une institution exceptionnelle, essentiellement affectée dans certaines familles à régulariser la transmission des propriétés, dont il forme un accessoire. » N'avons-nous pas relevé naguère, dans un même numéro du *Petit journal,* des annonces ainsi conçues : « Grand choix de demoiselles, veuves, dots 10 à 620.000 fr., 119, rue Monge. — Plusieurs demoiselles, 18 à 25 ans ; veuves, 22 à 35 ans, dots 10 à 500.000 fr., rue Maubeuge, 30. — A marier, demoiselle 19 ans, jolie, 600.000 argent, 68, rue Rivoli. » En 1830, dans une adresse à la Chambre, les Saint-Simoniens flétrissaient « le trafic honteux qui, sous le nom de mariage, consacre fréquemment l'union monstrueuse du dévouement et de l'égoisme,

des lumières et de l'ignorance, de la jeunesse
et de la décrépitude. » Mais à quoi bon les
appels au gouvernement? C'est à la jeune fille
à se préserver elle-même. Qu'elle ouvre seulement les yeux ; qu'elle ait le courage de soupçonner le mal, de jeter au feu les « renseigne-
ments honorables », dont chaque prétendant se
munit, et de démasquer derrière le fiancé en
expectative le viveur qui désire « faire une fin ».

Qu'elle prenne à genoux la résolution irrévo-
cable d'épouser un homme et non une brute,
un mari et non un tyran, une âme et non un
corps seulement. Et si celui qui se présente
est véritablement noble, elle saura bien le
reconnaître, le saluer et l'aimer entre mille.
Car il aura sur les lèvres ces paroles du P.
Gratry : « Dieu va me donner sa fille comme
compagne de toute ma vie. Oui, la voilà cette
fille de roi qui méritait qu'on travaillât pour
l'obtenir, et que, pour gagner son amour qui
vient du ciel, on fût beau, pur, courageux,
intelligent, libre, honoré, ami de Dieu, capable
par le caractère et le talent de la défendre, de
l'aider et de la glorifier, elle et les fils qui
naîtront d'elle. »

O sainteté, austérité, splendeur auguste et

ravissements sacrés du mariage divin ! O noces d'Eden, bénies par l'Eternel ! Noces de Cana, bénies par Jésus-Christ ! Noces de l'Agneau, bénies par l'Esprit triomphant !... Jeune fille chrétienne, remplis tes yeux et ton cœur de ces visions révélatrices : tu ne seras pas une victime.

WILFRED MONOD.

IV

VERS L'IDÉAL

LUTTEZ CONTRE LE PRÉJUGÉ.

Il est de mode aujourd'hui de s'attaquer aux puissances sans tenir compte ni de leur origine, ni de leur raison d'être, ni des services rendus par elles. Ne suffit-il pas, en effet, qu'une autorité quelconque s'impose, pour gêner, semble-t-il, notre génération dans son élan irrésistible vers une liberté absolue, et pour provoquer de véhémentes et universelles protestations? Mais si les rois sont impitoyablement discutés par leurs sujets, les gouvernements par les citoyens, les magistrats par les inculpés, le clergé par les laïques, les parents mêmes par leurs enfants, il existe un souverain absolu qui demeure indemne de tout blâme, environné de tous les respects et obéi servilement, sans que jamais un seul rebelle essaie de se soustraire à son joug. Vous avez deviné déjà de quel souverain il s'agit, car il est votre maître à vous aussi, jeunes filles, et vous subissez sa loi, sans murmurer, depuis votre enfance. Ce souverain, ou plutôt ce despote, s'appelle le *Préjugé*.

Les décrets de ce tyran vous ont été inculqués à votre entrée dans la vie, formulés en ces trois ou quatre mots sacramentels : *Cela se fait* ou bien *Cela ne se fait pas*. Et ces décrets, auxquels ni votre intelligence ni votre cœur ne sont appelés à souscrire, constituent pour vous, comme pour vos prédécesseurs dans l'existence, le code suprême, que, à leur exemple, vous acceptez de bonne foi. Certes, nous ne venons pas vous engager à briser avec le passé en rejetant, sans distinction, les traditions sacrées qu'il nous a léguées, avec les superfétations qui s'y sont ajoutées, ce qui serait détruire l'arbre avec les parasites qui l'étouffent. Non, la jeunesse doit rester en communion directe et intime avec le passé. Seulement, dans ce vieux tronc que forme la société humaine, il y a deux éléments à ne pas confondre : une sève vitale, prête à rendre féconde toute âme qui s'y alimente, et un fouillis de branches gourmandes et de branches mortes. Or, tout rejeton qui se greffe sur une de ces branches-là est, d'avance, condamné à la stérilité. La sève vivifiante, propre à féconder notre âme, et qui se transmet de génération en génération, Dieu l'a placée tout au fond de notre conscience; elle correspond merveilleusement aux instincts nobles de notre nature, et nous sommes loin encore de l'avoir épuisée, c'est-à-dire d'en avoir tiré toute la vitalité qu'elle pourrait fournir. Les branches gourmandes, ce sont ces innombrables règles humaines, qui ont poussé avec l'abondance désordonnée des sauvageons, et qui, automatiquement observées, tuent en nous toute impulsion spontanée et généreuse, retiennent notre bras, quand il devrait agir, paralysent notre langue, quand il faudrait parler.

Essayons, si vous le voulez bien, mes jeunes amies, une petite revue de quelques cas, pris au hasard, où ce malheureux respect des conventions sociales, le despote dont nous sommes les esclaves, peut nous égarer, en nous dictant précisément le contraire de ce que nous inspirerait une intelligence non falsifiée des commandements divins.

Commençons par les cas soi-disant insigni-
fiants, pour passer ensuite aux cas plus sérieux.

Lorsque vous vous trouvez réunies, dans un
lieu public ou dans une cérémonie quelconque,
à des jeunes filles que vous estimez inférieures
à vous en rang, quelle est votre attitude à leur
égard? Leur cédez-vous volontiers une place à
vos côtés et leur adressez-vous quelques paroles
aimables, propres à leur faire oublier la distance
qui vous sépare d'elles? Je crains bien que
l'idée ne vous en vienne même pas, et que,
formant bien vite avec vos égales un petit
groupe fermé, vous ne montriez clairement
votre désir de ne lier aucune relation avec
des compagnes d'une couche sociale regardée
comme inférieure à la vôtre. En agissant ainsi,
obéissez-vous à la loi divine? Non, vous vous
courbez humblement devant le tyran *Préjugé*,
et vous ne sentez pas que votre conduite, en
cette circonstance, fera douter tous ceux qui
vous voient de l'efficacité de l'Evangile pour
changer les cœurs, puisqu'il n'a pas changé le
vôtre, à vous qui vous dites chrétiennes.

Dans le monde, où vous tenez à briller par
votre beauté, votre esprit, votre élégance, avez-
vous une autre préoccupation que celle de

satisfaire votre vanité, et n'est-ce pas sur son autel que vous sacrifiez, sans remords, ces heures destinées par la sage Providence à être employées au bien de vos semblables et à votre propre perfectionnement? Mais quoi! il faut bien aller dans le monde, puisque tout le monde le fait.

Et puis, vous trouverez peut-être en société, un établissement avantageux, c'est-à-dire un mariage riche, un mariage qui vous pose dans un cercle brillant, un mariage enfin, où vous pourrez continuer, à grandes guides, l'existence si bien commencée. L'époux qui vous offrira de si.... sérieux avantages aura peut-être une autre religion que vous, il sera peut-être un parfait incrédule. Qu'importe? N'est-ce pas là *aux yeux du monde,* et par conséquent aux vôtres, une question tout à fait secondaire? Oh! les capitulations de conscience, comme elle sont faciles, quand la grande voix de l'intérêt a parlé! Elles n'étonnent même plus personne, chacun reconnaissant, tacitement, qu'il serait prêt à les faire, lui aussi, le cas échéant. Et voilà comment les enseignements du Christ, soi-disant acceptés de cœur et machinalement professés par les lèvres, sont en réalité absolument méconnus dans la pratique, et perdent, par cette raison, tout ascendant sur les masses populaires, dont le gros bon sens ne se laisse pas éblouir long-temps par une simple mise en scène.

Les premiers chrétiens qui, eux, étaient sin-cères et conséquents, ont amené une foule d'âmes au pied de la croix ; les réformateurs de toutes les époques, dont la vie a été absolu-ment conforme aux doctrines qu'ils professaient, ont fait, dans le domaine de la foi, de glorieuses conquêtes. Si nous ne faisons plus de conquêtes, fait trop évident, hélas ! ne serait-ce pas, parce que nous ne sommes guère que des cymbales qui retentissent et qui donnent un son faux, ne correspondant plus avec l'état réel de notre âme, — autrement dit des âmes à préjugés? des dupes dupant à leur tour? Cette constatation est douloureuse, humiliante. Sera-t-elle le pré-lude de la régénération devenue indispensable, non seulement à la propagation du christia-nisme, mais à son maintien ? Fera-t-elle sentir à tout chrétien la nécessité absolue qu'il y aurait aujourd'hui à rétablir l'accord entre l'âme et la vérité, entre la profession de notre foi et son action sur notre vie? — Si vraiment nous considérons tous les hommes comme nos frères, ne regardons personne, absolument personne, de haut en bas, et ayons une cordiale bienveillance toujours prête à s'affirmer dans toutes nos rencontres avec ceux que le *Préjugé* nous avait appris à considérer, à tort, comme des inférieurs. Si vraiment nous cherchons, avant tout, le royaume de Dieu et sa justice, ne sacrifions pas au culte de notre personne nos meilleures années, celles de la vigueur et de l'élan. Si vraiment nous avons entendu retentir à nos oreilles le doux appel du Maître : « Toi, suis-moi », ne croyons pas pouvoir y répondre en accordant, en même temps, au monde tous les holocaustes qu'il exige de nous, et que notre impardonnable faiblesse lui a jusqu'ici accordés sans compter.

Comme tout changerait de face dans le monde, si le mobile de chacune de nos actions se puisait dans notre conscience, éclairée par l'Evangile, et non plus dans les arrêts de ce despote à mille têtes et sans cœur contre lequel nous vous invitons à lutter. Un congé définitif serait bientôt donné alors aux principaux facteurs de haines et de discordes qui divisent les hommes : les préjugés de nationalités, les préjugés de castes, les préjugés religieux, trois grandes familles dont les descendants sont légions et la puissance absolument inouïe. On ne peut s'attendre à ce que les déviations de la conception chrétienne soient redressées en un jour. Elles ont pris naissance dans le passé, et se sont accentuées peu à peu jusqu'à présenter aujourd'hui à nos regards une véritable difformité. Les amputations, nous ne l'ignorons pas, sont des opérations dangereuses, qui menacent parfois de tuer le malade. Aussi ce n'est pas une amputation que nous réclamons, c'est une infusion de sang nouveau dans un corps qui a tenu bon dix-neuf siècles, et que l'anémie semble guetter sur le seuil du vingtième ; c'est, pour employer une image plus compréhensible, une nouvelle orientation de la boussole chrétienne : son aiguille s'est arrêtée longtemps, trop longtemps peut-être, sur le mot *symbole*, c'est vers le mot *action* — action sociale — qu'elle doit pointer aujourd'hui.

Mes jeunes lectrices vont dresser l'oreille à ce mot qui résonne un peu comme un clairon, et s'écrier : Oh ! ceci ne nous regarde pas, c'est l'affaire des hommes. Eh bien, non, ce n'est pas l'affaire des hommes seuls, c'est aussi la vôtre, jeunes filles, et c'est peut-être la vôtre en premier lieu, car si vous ne possédez pas les prérogatives de la force physique, et si vos capacités intellectuelles sont inférieures à celles de l'homme, vous possédez, en revanche, une puissance sympathique latente qui rend votre influence parfois supérieure à la sienne. Certes, je ne vous souhaite ni le droit de vote, ni celui de professer dans les chaires universitaires, mais ce que je vous souhaite, c'est de savoir être, à votre poste obscur, d'incorruptibles champions de la foi chrétienne, d'enthousiastes patriotes du royaume des cieux, de ces croyantes vraies et vaillantes qui, en toutes circonstances, petites et grandes, montrent fièrement leur drapeau et rendent hommage, par leurs actes plus encore que par leurs paroles, au Maître qu'elles servent. Quand l'Eglise chrétienne aura retrouvé des fidèles de cette trempe, n'importe de quel sexe ni dans quel rang, et rejeté, par la simple force des choses, l'énorme poids mort sous lequel elle succombe, elle inspirera le respect même à ses ennemis les plus acharnés, et reprendra son droit à être appelée la lumière du monde.

ELISABETH PRADEZ.

VOCATION

FRAGMENTS D'UN JOURNAL DE JEUNE FILLE

. . . .

15 octobre... — Le sommaire d'une impertinente revue me tombe sous les yeux. Elle nous traite de poupées, pies, névrosées, poseuses, etc. Comme jeune fille, je proteste de toute l'énergie de mon amour-propre blessé. Ce n'est pas ce que nous sommes, c'est ce qu'on nous a faites. Je l'éprouve chaque jour davantage : je ne m'appartiens pas, je suis entraînée malgré moi. La société m'a saisie dans son engrenage de préjugés et de conventions et métamorphosée en miroir, en phonographe, en copie conforme de la jeune fille prétendue « comme il faut ». Et j'assiste consciente à cette dégradation de moi-même; voilà le supplice!

En être réduite à mourir peu à peu, à ce qui constitue ma dignité, ma raison d'être ; j'ai souvent tenté de me ressaisir ; mais le courant est trop fort. Pour me dégager, il faudrait non plus des efforts partiels, mais une volonté ferme et une énergie divine !

20 octobre... — Mon cœur souffre. Des atrocités se commettent chaque jour dans notre ville. J'ai appris que de pauvres jeunes villageoises sont, à leur arrivée ici, attendues à la gare par d'affreuses mégères qui leur promettent de bonnes places, les trompent et les perdent. Et nous n'empêchons pas ces infamies ! Des centaines d'enfants vouées au vice et à la mendicité errent dans nos rues, j'en ai rencontré, aujourd'hui, mais où est notre école de déguenillées ! Oh ! mon oisiveté m'est à charge, je la prends en exécration : visites où l'on cause chiffons, five o'clock, bals, futilités, vanités ; cercle vide, suis-je condamnée à y tourner sans fin ? Horreur, dégoût ! J'ai soif d'une vie utile.

3 novembre... — Dieu a exaucé ma prière. Il m'inspire des remords et une amère repentance de mes années dilapidées. Il me donne d'entrevoir une autre vie, combien supérieure ! Sa splendeur m'éblouit. Elle m'enthousiasme. Sentir palpiter son cœur de nobles aspirations, et avoir en Jésus-Christ la force de les réaliser, ne se mêler au monde que pour y répandre un peu de bonheur vrai, rayonner la joie, la pureté, élever son prochain, au lieu de contribuer à épaissir cette atmosphère d'égoïsme où j'étouffais ; voilà la *vie*, et je suis décidée à la vivre, dussé-je non seulement rompre avec des habitudes mondaines où je n'ai plus mon cœur, mais consentir à être méconnue, incomprise des miens. Qu'importe ! Il m'en coûterait beaucoup plus d'agir contre ma conscience. La paix intérieure vaut bien qu'on l'achète. O Jésus, c'est toi qui m'as engagée dans cette voie ; c'est toi qui m'as aimée, pardonnée. Tu triompheras dans ma faiblesse !

4 décembre... — Compromis, faux-fuyants. — Dans ma naïveté je m'imaginais, qu'à condition d'user de beaucoup de ménagements et de charité, il était aisé de servir Dieu, sans heurter, parents, amis, entourage. Erreur, il faut lutter sans cesse. Aussi, je rêve maintenant d'une vie où l'esprit de sacrifice, le dévouement deviendraient la carrière même, et où le monde lui-même se scandaliserait de ne pas les rencontrer en moi....

..... Si je pouvais donner un conseil aux jeunes filles qui veulent servir Dieu dans les délaissées et les perdues, je leur crierais au nom de ma triste expérience : Ne dissimulez pas vos sentiments nouveaux. Ne biaisez pas ; allez droit votre chemin. Prenez une attitude respectueuse, charitable, mais nette. Oh! si au lieu de chercher des prétextes pour me dérober au monde, j'avais tout de suite dit tout à maman, peut-être aurais-je été blâmée, mais que de tourments de conscience, de combats renouvelés, de rechûtes m'auraient été épargnées. Ma chère mère a été avec juste raison peinée de ce manque de confiance.

26 décembre... — Avec un immense enthousiasme j'ai lu les biographies d'Elisabeth Fry et de sœur Dora. Oh ! les belles vies. Quelle puissance incalculable dans l'entier oubli de soi-même. Comme je voudrais ressembler à ces héroïnes. Arrière donc le moi !

3 janvier... — Je ne puis rencontrer une diaconesse sans être attirée vers elle comme l'aiguille par l'aimant. Le petit bouquet envoyé

par les sœurs de la maison de santé pour ma
fête a paru me causer plus de plaisir que la jolie
montre en or offerte à cette occasion par mes
parents. Ma mère en a été peinée, à bon droit.
Depuis que le dimanche je vais passer une
heure à l'hôpital, mon cœur est avec les sœurs;
l'idéal de diaconesse me ravit; dans cette position, je serai certaine d'être agréable à Dieu.

Diaconesse, ici rien pour le sens propre, rien
pour l'orgueil, rien pour le moi.

Voilà la discipline qu'il me faut : « Mon enfant,
consens-tu à n'être absolument rien? Oui Seigneur... Ah! courage. Perdons-nous! perdons-
nous!..... » (1).

Le but est simple, grand : Soigner le corps
souffrant de Jésus-Christ. N'est-ce pas trop
ambitieux? « Ai-je la honte et la confusion
convenables pour recevoir une telle grâce du
ciel » (2)? Etre la garde-malade de Jésus-Christ,
sa servante; puis mourir après m'être donnée
sans réserve, vue de Dieu seul, toute à Lui!

10 janvier... — Enfin, j'ai tout confié à
maman. J'ai dit ce qui m'oppressait : les voca-

<hr>

(1) PERREYVE : *Lettres,* 1859.
(2) Lettre de Vincent de Paul.

tions fréquentes chez les catholiques, rares chez les protestants de France ; la honte ressentie pour mon Eglise et pour moi à cette constatation. Le désir égoïste de faire son salut, suscite plus de dévouements que le pur amour et la filiale reconnaissance envers Dieu. Quel soufflet à mon Sauveur. Le mot décisif a été prononcé : « Dieu me presse de le servir dans les pauvres. Il m'appelle à être diaconesse. »

Oh! Dieu, pourquoi ces angoisses? Souvenirs cruels, à jamais gravés dans mon esprit. Je revois le visage de ma mère, soudain si pâle, les silencieuses larmes de son amour trop grand. Plutôt les reproches les plus vifs! L'idée seule de mon départ l'accable! De ces luttes je sors toute meurtrie.

15 janvier... — Ai-je eu tort ou raison de parler? Parfois des doutes poignants m'assaillent : Ai-je manqué de ménagements? Maman faisait l'éloge de sœur R. si souriante, discrète, vaillante et reconnaissante pour les moindres attentions... Pourquoi cette vocation, belle chez les autres, ne serait-elle pas bonne pour moi? La porte était ouverte, j'entrai..... Quand j'évoque ces tristesses, je m'humilie du chagrin causé involontairement à ma mère. Cependant une voix intérieure me répète : Tu ne pouvais te taire, il te fallait parler. Et de fait, la vie ne m'apparaît plus que sous un jour : diaconesse. En vain j'écarte cette obsession, tout m'y ramène : lecture, visite, promenade, la rencontre d'un misérable, d'un infirme, d'une égarée.

23 janvier... — Le croirais-tu, cher journal, depuis huit jours mère et fille semblaient gênées l'une vis-à-vis de l'autre. Et nous avons pu vivre?... mais combien tristement; la conversation chômait; les tête-à-tête étaient évités autant qu'auparavant recherchés. Explication redoutée des deux côtés, surtout du mien, car je la craignais mortelle à mes espérances. Aujourd'hui nous étions seules à la maison, maman a parlé. Voici ses arguments : je les médite avec le désir d'être persuadée. Mais je n'y parviens pas.

« Nous comptions sur toi pour notre vieillesse ». — Chère mère, est-il question de t'abandonner. Diaconesse ne serai-je pas capable de te donner des soins plus intelligents, ne me reverras-tu pas souvent? Mais si je vous suis nécessaire, pourquoi m'engager à accepter en mariage M. X., dont on me vante la brillante position plus que les qualités du cœur. Nous n'avons ni les mêmes principes ni la même foi... Te serais-je ainsi plus utile, chère maman et plus près de toi?

Après l'objection de la famille, celle de la santé : « les veilles et les fatigues de ce service m'épuiseraient. » Mais je n'ai jamais été malade et Dieu qui m'appelle me donnera des forces!

« Pas qualifiée. » Ce n'est pas ce que tu pensais, il y a quinze jours, quand tu m'appelais « ta petite garde malade », ce n'est pas l'avis de grand'mère qui ne voulait être pansée que de ma main. Et ici encore, comme pour tout le reste, je me confie en Dieu qui me perfectionnera et suppléera à tout ce qui me manque, je me rends compte mieux que personne de ces lacunes.

« Me contenter du devoir prochain ». Mais quel est-il pour moi? On me le restreint et me le limite à plaisir. Parce que je ne suis « qu'une jeune fille » je ne puis m'occuper d'autres jeunes filles qui ont besoin d'être entourées. Le quartier où elles habitent est trop mauvais... Le bonnet de diaconesse me vieillira à souhait.

Non, je ne puis pas croire que toute ma

vocation chrétienne se borne à être assidue à notre réunion de couture, où, en dépit de nos efforts, la conversation a roulé mercredi dernier sur la soirée et les épaules de Mme Y.

Je ne puis m'imaginer m'être acquittée vis-à-vis de mon Sauveur, parce qu'entre une longue séance chez la couturière à la mode et une réception chez Madame B., j'ai fait ce qu'on est convenu d'appeler une visite de pauvres, auxquelles j'apporte plus de convoitises que de consolations, ne m'étant pas faite pauvre moi-même. C'est l'échec fatal d'une vie qui n'est pas consacrée sans réserve à Dieu. Dans ma perplexité, si j'avais au moins auprès de moi mon ancienne monitrice, Mlle V., si sympathique et qui a tant souffert! Elle me comprendrait..... je lui écrirai.

13 février... — Voici sa réponse :

CHÈRE AMIE,

... Toute vocation vraie me remplit d'une indicible joie. Puisse-t-il s'accroître dans notre patrie le nombre de celles qui, attentives à l'appel du Maître, savent y répondre et devenir ouvrières dans le champ délaissé de Dieu. Je pleure, quand je pense à toutes ces détresses humaines lamentables et pressantes qui espèrent en vain les dévouements latents mis tout exprès par Dieu au cœur des jeunes filles. Vous êtes une privilégiée. Dieu vous a accordé une grande grâce en réveillant votre esprit. Vous êtes bienheureuse. Tandis que la plupart de vos compagnes n'ont aucun scrupule à gaspiller leur vie en attendant le mariage, ou croient leur existence manquée, si elles ne finissent point par s'y engager, vous ne restreignez pas votre vision à cet horizon unique, vous avez d'autres aspirations. Votre idéal est une carrière de dévouement et vous avez, m'écrivez-vous, repoussé toute proposition qui vous en éloignerait, si avantageuse qu'elle fût. Rassurez-vous, en fait de mariage, vos parents n'ont pas le droit de vous imposer leur choix, pas plus qu'il ne vous conviendrait de fixer le vôtre, contre leur gré... Mais j'en viens à votre préoccupation principale : à quels signes reconnaîtrai-je une vocation divine?

Sans vous trop analyser, défaut que développe l'habitude d'ailleurs excellente de faire son journal, examinez s'il n'y a pas dans votre ambition légitime de vous dévouer, une part d'orgueil; l'ennemi est habile à dissimuler la recherche personnelle sous le costume du renoncement. Soyez droite, point d'équivoque : est-ce bien Dieu que vous voulez servir dans vos frères déshérités?

Ensuite votre enthousiasme est-il réfléchi? Gardez ces élans généreux qui devraient nous animer à tous les âges. Ce serait une preuve de déchéance si votre âme n'avait pas vibré au contact de celles d'Elisabeth Fry et de sœur Dora. Mais, d'autre part, les biographies demandent à être lues avec discernement, en se souvenant qu'il n'y a pas un chemin unique, mais que Dieu en trace, s'il le faut, un à part pour chaque âme. Pour ce qui engage tout une vie, il ne suffit pas de l'entraînement d'une émotion, mais une volonté tenace, persévérante, est nécessaire.

Vous voulez devenir diaconesse, mais l'avez-vous déjà été auprès de vos pauvres et des infirmes du voisinage, de vos domestiques malades? Je sais quelles sont les barrières qu'imposent les préjugés à l'activité d'une jeune fille, mais je me méfie de toute vocation qui ne rêve que devoirs lointains et néglige les plus rapprochés.

Il vous faut enfin tenir compte des circonstances, sans vous laisser entièrement dominer par elles. Une vocation vraie est sacrée, puisqu'elle vient de Dieu. A ce titre elle n'est à la merci ni des événements, ni des hommes. Elle ressemble à ce feu que les vestales ne devaient jamais laisser éteindre. C'est pourquoi quelque empêchement que vous rencontriez, ne désespérez jamais de persuader vos parents. Confiez-vous en Dieu. Il peut vous ouvrir des portes longtemps fermées. Jacqueline Pascal, qu'une invincible vocation poussait au cloître, dut attendre quatre ans la réalisation de ses désirs. Il y a telle rupture peut-être nécessaire, à laquelle une jeune fille ne doit consentir qu'à un certain âge, en l'absence de tout devoir de famille évident, après avoir beaucoup prié, longtemps attendu et sous la contrainte de l'Esprit de Dieu. Suivez la règle que le Seigneur nous a tracée Lui-même. Aimez Dieu plus que tout au monde, plus que père et mère (1), mais sous prétexte d'un devoir, ne vous dispensez pas d'un autre, et ne

____

(1) Matthieu X, 37.

déclarez pas hypocritement corban (consacré à
l'Éternel) (1), ce dont vous êtes redevable envers
vos parents. Quant à votre vocation de diaconesse,
il ne saurait y avoir conflit. A la rue de Reuilly,
on ne reçoit les jeunes filles que sur le consente-
ment de leurs parents.

Surtout, chère amie, quand des obstacles en
apparence insurmontables — ce qu'à Dieu ne plaise
— s'interposeraient entre vous et cet idéal de
consécration noblement entrevu, si vous ne pouviez
réaliser votre rêve d'être diaconesse, ne vous
drapez pas dans l'orgueilleux manteau de paresse
des méconnues et des aigries. Pour ne pas travailler
à la place que vous auriez souhaitée, vous n'en
êtes pas moins tenue d'être laborieuse à celle qui
vous est imposée. Il y a plus de christianisme vrai
dans une stoïque et active résignation que dans
des gémissements et des regrets superflus qui ne
servent qu'à énerver et à affadir notre énergie.

Une vie n'est jamais manquée que par notre
faute. N'est-ce pas le privilège du chrétien de pouvoir glorifier Dieu dans toutes les situations où il
nous a mis? Et si votre vocation particulière est
entravée, ne vous reste-t-il pas la plus haute et la
plus belle de toutes, *la vocation chrétienne,* le droit
au salut et à l'activité sainte. Celle-là ne vous la
laissez pas ravir. Soyez intraitable. Défendez-la
jusqu'au désespoir. Et en attendant, que Dieu
vous ouvre votre voie, « ne perdez pas le présent
à regretter le passé qui n'est plus et à vous préoccuper de l'avenir qui n'est pas encore » (2).....

Henriette N.

(1) Marc VII, 11.
(2) Carmen Sylva.

LA

JEUNE FILLE CHRÉTIENNE

LE ciel est bleu sous un voile d'un gris léger qui se dissipe déjà; sur ce fond incertain des masses se détachent, imposantes et foncées; ce sont des groupes d'arbres, dont les ombres solennelles s'étalent majestueusement sur les prés humides; elles perdent du terrain de minute en minute. Le soleil qui naît révèle à chaque instant quelque objet nouveau : ici, dans l'herbe, des touffes de myosotis au bord d'un filet d'eau; là-bas, des villages suspendus aux flancs des collines. Une alouette s'élève d'un champ de blé, son hymne limpide monte avec elle, plus fort, toujours plus fort, puis se perd dans l'azur infini où l'oiseau disparaît. Derrière une rangée de saules rabougris, un ruisseau qu'on ne voit pas, fredonne sa chanson. Tout est pur, jeune, trois fois sacré. Et l'artiste, qui avait devancé l'aurore pour la fixer sur sa toile, se sent gagné par mille pressentiments d'une harmonie future ; en face du jour, beau de ce qu'il montre, plus beau encore de ce qu'il promet, l'artiste laisse tomber ses pinceaux, et sous l'empire d'une émotion grandissante, il joint les mains et il adore.

Et qui ferait autre chose devant le type idéal de la jeune fille chrétienne? Qui trouvera des traits assez fermes, des nuances assez délicates pour rendre la grâce incomparable et la tranquille énergie du modèle? Des auteurs immortels ont consacré leur génie à *la jeune fille :* l'un a chanté sa dignité et sa douceur, l'autre sa pureté, l'autre son abnégation et sa tendresse, l'autre son ardeur pour les choses de l'esprit, l'autre sa fidélité héroïque et son courage invincible. Mais *la jeune fille chrétienne* doit rassembler tous ces traits épars chez les Nausicaa, les Elaine, les Evangéline, les Dorothée, les Aurora Leigh, les Antigone et les Jeanne d'Arc, figures tour à tour sublimes ou ravissantes.

La jeune fille chrétienne! comment la dépeindrions-nous sous un type unique? Pour vous entre les mains de qui ce livre rare est tombé, les circonstances diffèrent sans doute du tout au tout, et les devoirs aussi. Par exemple, il serait dérisoire, il serait cruel de dire aux unes : « Consacrez plusieurs heures par jour à l'étude; pour l'honneur de Dieu, acquérez plusieurs langues; domptez, en l'astreignant aux mathématiques, votre esprit si facilement distrait; élargissez-le, élevez-le jusqu'à des hauteurs merveilleuses par le commerce avec les arts ». Etudier? Quelle joie ce serait, et combien, rien qu'à ce mot, l'intelligence tressaille! Mais le traitement de votre père est mince, la vie est chère; il faut faire la cuisine, nettoyer, raccommoder tant que le jour dure et bien avant dans la nuit, pour que chacun ait de quoi se nourrir et se vêtir.

De même, il serait dangereux de dire : « La jeune fille chrétienne assiste à toutes les assemblées religieuses qui se tiennent autour d'elle; elle commet une infidélité si elle reste chez elle au lieu de courir aux séances d'activité chrétienne, aux conférences missionnaires, aux réunions d'évangélisation et de tempérance ».

Sortir? mais la mère est surchargée de besogne et ne peut suffire à tout. Si la sœur aînée déserte le foyer, comment les petits frères se tireront-ils de leurs devoirs pour l'école ou pour le lycée? Et qui s'agenouillera auprès de leur lit pour offrir avec eux cette prière du soir, dont le souvenir ne les quittera jamais et sera pour eux une protection — peut-être le salut — dans les rudes combats qui les attendent?

Il serait aussi funeste d'établir la règle suivante : « La jeune fille chrétienne demeure toujours au logis, c'est là son unique domaine, les ténèbres du dehors ne la concernent pas et sont trop noires pour elle. Qu'elle aide ses parents, qu'elle prenne soin de ses frères et sœurs, et surtout qu'elle ne parle pas de sa piété. Sa foi est toute intérieure comme il convient à son sexe et à son âge. » Se confiner dans l'atmosphère de la famille? Ah! c'est par des conseils aussi pernicieux qu'une jeune fille soi-disant chrétienne parvient à se désintéresser en bonne conscience de certaines infortunes que sa main, seule assez douce, pourrait soulager. C'est ainsi qu'elle en arrive à tolérer — si tant est qu'elle ne les ignore pas — certaines inégalités, certaines iniquités, au sujet desquel-

les elle aurait le droit de prier sans relâche.
Et, chose plus grave que tout le reste, c'est
ainsi qu'une jeune fille soi-disant chrétienne
va, le cœur tranquille, jusqu'à se dispenser de
rendre publiquement témoignage à son Sauveur. Le silence, dont son éducation religieuse
l'empêche de sortir, équivaut maintes fois à un
reniement.

Et quelles règles établissez-vous pour la jeune
fille chrétienne au sujet du vêtement? Dans
l'état actuel de la société, tout le monde ne peut
pas se vêtir de la même manière, c'est évident.
Pour l'une de nos lectrices, la robe de laîne
simple et correcte de sa jeune voisine à l'église,
constituerait l'objet d'un luxe coupable; l'ouvrière suit dans le même recueil de cantiques
que la fille de son patron, et sans le vouloir
elle laisse errer ses regards sur cette robe si
jolie et qui a dû coûter si cher. Et tandis
que les deux voix fraîches se mêlent pour louer
Dieu, l'ouvrière ignore que la fille de son patron
passe pour un peu originale, et qu'on lui attribue des goûts de puritaine intransigeante. En
effet, la fille du patron, au risque de « ne pas
savoir tenir sa position », repousse méthodiquement l'achat de certaines plumes, de

certains rubans, et s'amasse ainsi de petites ressources personnelles qui s'en vont éteindre un déficit, payer quelque terme arriéré, ou entretenir, dans un de nos asiles, telle jeune fille infirme.

Trancherons-nous irrévocablement les questions mondaines? Disons-nous : « La jeune fille chrétienne ne doit jamais franchir le seuil d'un théâtre; elle se range parmi les serviteurs de Mammon, si elle se rend à un bal »? Non, non, bien que notre conviction personnelle soit faite, nous ne nous sentons pas libre d'émettre un pareil jugement.

Mais, répondrez-vous, comment agir, si tout présente ainsi deux aspects? Pour moi, qui n'ai qu'une jeunesse à vivre, où trouver ma ligne de conduite, si vous ne placez pas devant mes yeux avides le type idéal de la jeune fille chrétienne, dont je voudrais me rapprocher, que dis-je? que je voudrais atteindre avec le secours de Dieu.

II

Eh bien, je parviens où je désirais vous conduire. Et je renonce à vous tracer un portrait de convention, je veux vous révéler le secret que beaucoup d'entre vous ne possèdent pas encore : *Ce secret unique d'une jeunesse pure, noble, intelligente, généreuse, enthousiaste, c'est d'appartenir à Jésus-Christ.* Pour lui appartenir, il faut se donner à lui. Jeune fille, vous êtes-vous donnée à Jésus-Christ?

Bienheureuse êtes-vous, si le Maître vous a conquise dès vos premières années, si votre communion avec lui s'est doucement établie à travers votre enfance, sans crise et sans heurts ; à mesure que vous appreniez à le connaître, il vous subjuguait à votre insu ; vous lui ouvriez bien facilement un cœur qui s'élançait vers lui. Combien est digne d'envie cette croissance normale d'une jeune âme « enracinée et fondée en Jésus-Christ »! Sur le seuil de la vie, vous constatez avec ravissement que votre volonté, votre intelligence, vos sentiments, tout est à lui. Vous ne le bénirez jamais assez de cette conversion progressive qu'il a opérée en vous par son attrait irrésistible. Et surtout, ne vous inquiétez pas de ce que vous ne pouvez pas vous rappeler un temps où il n'était pas votre ami et votre roi. Vous n'êtes nullement contrainte d'indiquer à qui l'exige de vous une date pour votre conversion. Si vous pouvez vous écrier avec vérité : « Seigneur, tu sais toutes choses, tu sais que je t'aime », tout va bien pour vous. Entrez dans la carrière et servez votre Sauveur de tout votre cœur, de toute votre âme, de toute votre pensée, avec une joie sans mélange.

Mais vous, jeune fille partagée, qui penchez tantôt vers lui, tantôt vers le monde, n'attendez pas davantage : voyez ce que le monde vous offre, ce que le Christ vous promet, et choisissez. Vous aussi, durant votre enfance, vous éprouviez une émotion toute spéciale, quand votre mère vous parlait du Sauveur ; l'École du dimanche était, à vos yeux, indispensable, sacrée ; cette heure-là commandait à tout le reste de la semaine. Mais c'étaient des impressions fugitives, et votre égoïsme naturel reprenait le dessus. Pendant votre instruction religieuse, vous avez failli arriver au but ; le Christ était là, plus beau que jamais ; et le jour de votre première communion, sa sainteté radieuse vous a presque décidée... Mais vous n'avez pas fait le dernier pas, et à cette question qui vous est posée aujourd'hui : Appartenez-vous à Jésus-Christ? vous n'osez pas répondre : oui.

Oh! ne tardez pas davantage. « Voici l'instant favorable, voici le jour du salut. » Dans une vaste cathédrale, douze cents âmes se trouvaient réunies autour d'un puissant prédicateur. Le serviteur de Dieu pria celles des personnes présentes qui étaient devenues chrétiennes après cinquante ans de bien vouloir se lever : une seule personne répondit à l'appel. Le prédicateur s'adressa ensuite à ceux qui avaient rendu les armes entre quarante et cinquante ans : une personne se leva encore. Lorsqu'il s'agit de ceux qui avaient trouvé le salut entre trente et quarante ans, on vit vingt-neuf personnes debout dans l'assemblée ; trente-huit reconnurent qu'elles s'étaient converties entre vingt-cinq et trente ans, cent personnes entre vingt et vingt-cinq ans. Et quand vint le tour de ceux qui s'étaient consacrés à Jésus-Christ avant vingt ans, il se produisit un mouvement immense et magnifique : une armée de six cents personnes se dressa dans le sanctuaire !

Combien cette constatation solennelle doit nous encourager. Vous êtes faite pour Jésus-Christ, et il est fait pour vous. Cherchez-le dans l'Evangile écrit, cherchez-le dans le ciel où il vit, cherchez-le près de vous, car il est là le Maître doux et humble de cœur. Bien plus : « il se tient à la porte et il frappe ! » Laissez-vous trouver, laissez-vous saisir définitivement par lui. Pour le servir, vous souffrirez sans doute ; il vous montrera des renoncements à endurer pour lui, et votre entourage le plus immédiat, le plus cher, ne vous comprendra point, peut-être. Mais vous saurez bien supporter quelques sourires, et s'il le faut quelques soufflets, pour celui qui, pour vous, a veillé seul à Gethsémané, et qui, à Golgotha, est mort pour vous en poussant un grand cri.

« Je pensais à toi dans mon agonie, j'ai versé telles gouttes de sang pour toi. » Lui seul peut vous révéler votre état de péché, jeune fille toute innocente, et apaiser ensuite votre soif de pardon et de sainteté.

Vous soupirez après la poésie, après l'amour, après le bonheur pour vous-même et pour les autres. Il est le bonheur, il est l'amour, il est la poésie; vous trouverez tout pleinement en lui. Dites, votre cœur ne brûle-t-il pas au-dedans de vous, quand vous songez au Fils de Dieu?

Oui, mille fois oui, vous le prenez pour Maître, au matin de votre journée. Vous n'avez donc pas besoin qu'on vous offre un portrait de la jeune fille chrétienne; le Christ glorifié demeure en vous, vous demeurez en lui : nul n'a plus à dresser devant vous la liste de vos devoirs.

Vous êtes entrée dans la vie véritable; le Sauveur vous guide à travers tous les écueils qui menacent votre barque. Vous savez maintenant comment vous vêtir, quel temps consacrer à l'étude, quelles dépenses faire; vous savez dans quelle mesure vous pouvez partager vos heures entre les soins de la famille, et le service de l'humanité, au dehors.

Vous savez rendre témoignage à Jésus-Christ, soit par votre parole, quand il vous dit de parler, soit par votre silence, quand il vous ordonne de vous taire. Toute espèce de vanité, toute espèce d'amour-propre est mort en vous; votre personne répand la grâce et la paix autour d'elle : c'est « ce parfum » évangélique « qui remplit toute la maison ». Le champ de votre activité est vaste et fécond : un grain en rapporte trente, un autre soixante, un autre cent. Vous travaillez dans la lumière et dans la liberté.

Et soit que le sillage d'or de cette jeunesse doive s'arrêter demain sur la terre pour continuer au ciel, soit que Dieu vous destine ici-bas à des jours prolongés d'épreuves et de victoires, vous appartenez pour toujours à cette race de rois et de sacrificateurs que le Maître s'est acquise. Car lorsqu'il vous a désignée par votre nom, jeune fille, lorsqu'il vous a dit : « Il te manque encore une chose : *TOI SUIS-MOI* », vous avez répondu : « Voilà la servante du Seigneur », vous vous êtes levée, et vous l'avez suivi.

Mme WILFRED MONOD.

II

L'ÉDUCATION ET LE MILIEU

III

GRANDES HÉCATOMBES

IV

VERS L'IDÉAL

IMPRIMERIE DE LA « REVUE DU CHRISTIANISME SOCIAL »

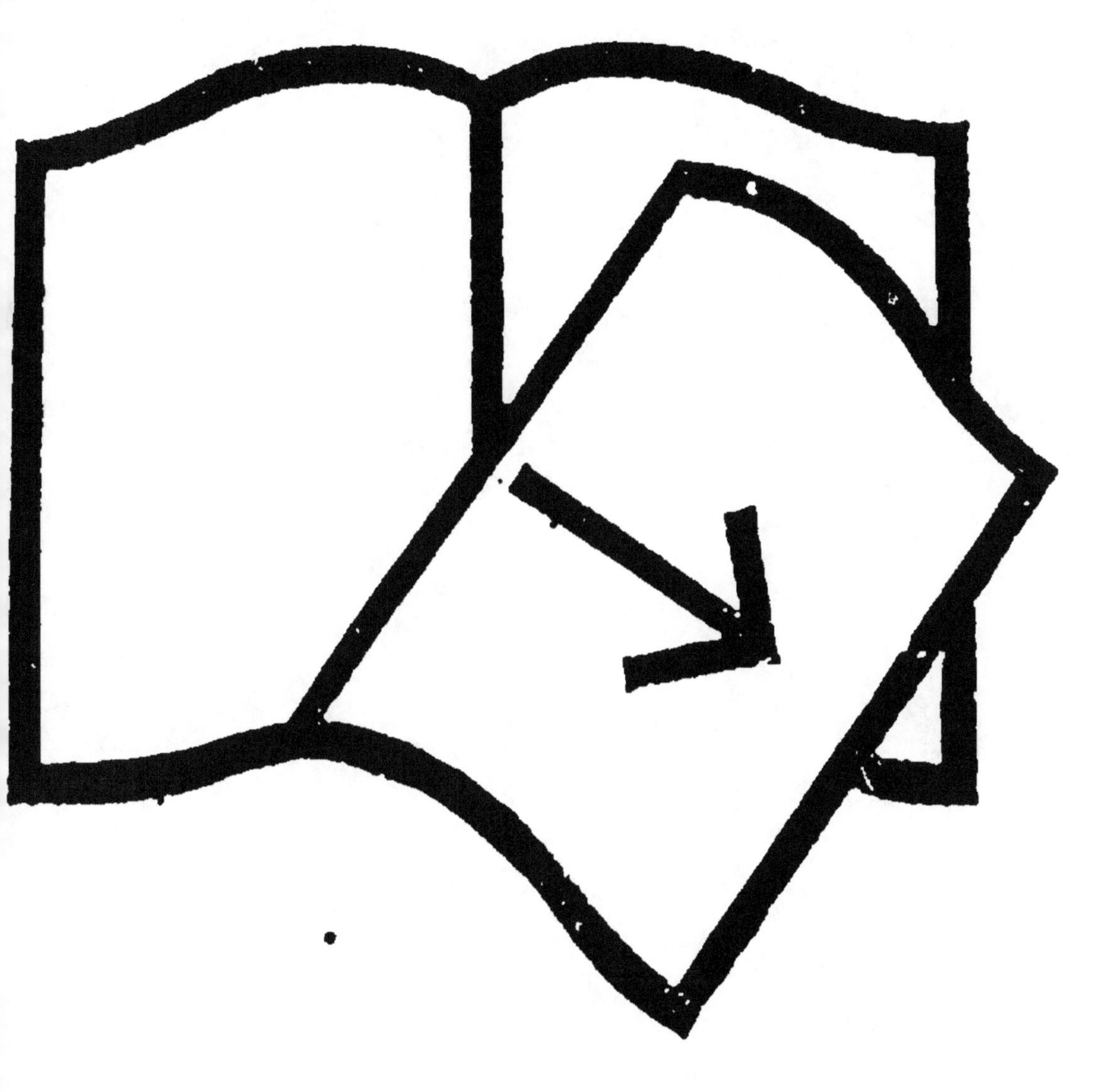

Documents manquents (pages, cahiers...)
NF Z 43-120-13